陕西出版资金资助项目

中国
现代出版家论著丛书

主编

郝振省

校史随笔

张元济

著

西北大学出版社

作者简介

张元济（1867—1959），字菊生，号
筱斋，浙江海盐人。出生于名门望族，
书香世家。清末中进士，入翰林院任庶
吉士，后在总理事务衙门任章京。1902 年，
张元济进入商务印书馆历任编译所所长、
经理、监理、董事长等职。中华人民共
和国成立后，担任上海文史馆馆长，继
任商务印书馆董事长。1959 年 8 月 14 日
在上海逝世，享年 92 岁。

张元济是中国近代杰出的出版家、教育家与爱国实业家，
他一生为中国文化出版事业的发展、优秀民族文化遗产的整
理、出版作出了卓越的贡献。在他主持商务印书馆时期，商
务印书馆从一个印书作坊发展成为中国近代史上最具影响力
的出版企业。

他组织编写的新式教科书风行全国，在中国近现代教育
史上具有开创性的意义；他推出严复翻译的《天演论》、林纾
翻译的《茶花女》等大批外国学术、文学名著，产生了广泛深
远的影响；他主持影印《四部丛刊》、校印《百衲本二十四史》
以及创建东方图书馆，对保存民族文化都有很大的贡献。

著有《校史随笔》《中华民族的人格》等。

编辑说明

　　张元济是现代著名出版家，长期在商务印书馆工作。他精于版本、目录之学，擅长校雠，《校史随笔》即为八年心血之作，对正史二十四史之版本、刻注、文字错讹等多有独到见解。此书1938年商务印书馆初版。

　　这次整理重版，改原版竖排繁体字为横排简体字，改正了异体字、俗体字等，核改了一些错讹字句，依现今规范添加了文中的篇名书名号、引文的引号等，以方便今天读者的阅读。但因谈版本文字错讹形误等，有些地方仍然保留繁体字以资比较。特此说明。

总　序

　　"中国现代出版家论著丛书"，选集张元济等中国现代出版拓荒者14人之代表性作品19部，展示他们为中国现代出版奠基所作出的拓荒性成就和贡献。这套书由策划到编辑出版已有近六个年头了，遴选搜寻作品颇费周折，繁简转化及符合现今阅读习惯之编辑加工亦费时较多。经过多方努力，现在终于要问世了，作为该书的主编，我确实有责任用心地写几句话，对作者、编者和读者有个交代。尽管自己在这个领域里并不是特别有话语权。

　　首先想要交代的是这套选集编辑出版的背景是什么，必要性在哪里？很可能不少读者朋友，看到这些论著者的名字：张元济、王云五、陆费逵、钱君匋、邹韬奋、叶圣陶等会产生一种错觉：是不是又在"炒冷饭"，又在"朝三暮四"或者"朝四暮三"？如此而然，对作者则是一种失敬，对读者则完全是一种损失，就会让笔者为编者感到羞愧。而事情恰恰相反，西北大学出版社的同仁们用心是良苦的，选编的角度是精准的，是很注意"供给侧改革"的。就实际生活而言，对待任何事物，怕的就是"一叶障目，不见泰山"，怕的就是浮光掠影，道听途说；怕的就是想当然，而不尽然。对待出版物亦是这样，更是这样。确实不少整理性出版物、资料性出版物，属于少投入、多产出的克隆性出版；属于既保险、又赚线的懒人哲学？而这套论著确有它独到的价值。论著者不是那种"两耳不闻窗外事，闭门只读圣贤书"的出版家，而是关注中华民族命运，焦急民族发展困境的一批进步知识分子。他们面对着国家的积贫积弱，民众的一盘散沙，生活的饥寒交迫，列强的大举入侵，和"道德人心"的传统文化与知识体系不能拯救中国的危局，在西学东渐，重塑知识体系的过程中，固守着民族优秀文化的品格，秉承"为国难而牺牲，为文化而奋斗"的使命，整理国故，传承经典，评介新知，昌明教育，开启民智，发表了一系列的论著，为我们国家和民族的现代出版文化事业进行了拓荒性奠基。如果再往历史的深层追溯，不难看出，他们身上所体现的代表中国传统知识分子心胸与志向的使命追求，正如北宋思想家张载所倡言的："为天地立心，为生民立命，为往圣继绝学，为万世开太平"。我们为中华民族这些前仆后继、生生不息的思想家们肃然起敬。以张元济等为代表的民国进步出版家们，作为现代出版文化的拓荒奠基者，其实就是一批忧国忧民的思想大家、文化大家。挖掘、整理、选萃他们的出版文化思想，其实就是我们今天继承和弘扬优秀传统文化的必然之举，也是为新时代实现古今会通、中西结合的创造性转化与创新性发展提供借鉴的必须之举。

不仅如此，这套论著丛书的出版价值还在于作者是民国时期我们这个国家和民族最有代表性的一个文化群体，一批立足于出版的文化大家和思想大家；14位民国出版家的19部作品中，有相当部分未曾出版，具有重要的填补史料空白的性质，对于这个领域的研究者、耕耘者都是一笔十分重要的文化财富之集聚。通过对拓荒和奠基了中国现代出版事业的这些出版家部分重要作品的刊布，让我们了解这些出版家所特有的文化理念、文化视野、人文情怀，反思现在出版人对经济效益的过度追求，而忘记出版人的文化使命与精神追求等等现象。

之所以愿意出任该套论著丛书的主编还有一层考虑在里面。这些现代出版事业拓荒奠基的出版家们，其实也是一批彪炳于史册的编辑名家与编辑大家。他们几乎都有编辑方面的极深造诣与杰出成就。作为中国编辑学会的会长，也特别想从中寻觅和探究一位伟大的编辑家，他的作派应该是怎样的一种风格。张元济先生的《校史随笔》其实就是他编辑史学图书的原态轨迹；王云五的《新目录学的一角落》其实就是编辑工作的一方面集大成之结果；邹韬奋的《经历》中，就包含着他从事编辑工作的心血智慧；张静庐的《在出版界二十年》也不乏他的编辑职业之体验；陆费逵的《教育文存》、章锡琛的《<文史通义>选注》、周振甫的《诗词例话》等都有着他们作为一代编辑家的风采与灼见；赵家璧的三部论著中有两部干脆就是讲编辑故事的，一部是《编辑忆旧》，一部是《编辑生涯忆鲁迅》，其实鲁迅也是一位伟大的编辑家。只要你能认真地读进去，你就会发现一位职业编辑做到极致就会成为一位学者或名家，进而成为大思想家、大文化家，编辑最有条件成为思想家、文化家。"近水楼台先得月，就看识月不识月"。我们的编辑同仁难道不应该从中得到启发吗？难道我们不应该为自己编辑职业的神圣性而感到由衷的自豪与骄傲吗？

这套丛书真正读进去的话，容易使人联想到正是这一批民国时期我国现代出版事业的拓荒者和奠基者，现代出版文化的开创者与建树者，为西学东渐，为文明传承，作出了巨大的历史性贡献。他们昌明教育、开启民智的出版努力，他们所举办的现代书、报、刊社及其载体实际上成为马克思主义向中国传输的重要通道，成为中西文化发展交融的重要枢纽，成为当时的中国先进知识分子寻求和探究救国、救民真理的重要精神园地。甚至现代出版事业的快速发展与现代出版文化的初步形成，乃是中国共产党成立、诞生的重要思想文化渊源。一些早期共产党人就是在他们旗下的出版企业担任编辑出版工作的，有的还是他们所在出版单位的作者或签约作者。更多的早期共产党人正是受到他们的感染和影响，出书、办报、办刊而走上职业革命道路的。从这个意义上讲，我们对民国出版家及其拓荒性论著的价值的重视还很不够。而这套论著丛书恰恰可以对这个问题有所补救，我们为什么不认真一读呢？

是为序。

郝振省

2018.3.20

自　序

　　曩余读王光禄《十七史商榷》、钱宫詹《廿二史考异》，颇疑今本正史之不可信。会禁网既弛，异书时出，因发重校正史之愿。闻有旧本，展转请托，就地摄影。影本既成，随读随校。有可疑者，辄录存之。每毕一史，即摘要以书於后。商务印书馆既覆印旧本行世，先后八载，中经兵燹，幸观厥成。余始终其事，与同人共成《校勘记》百数十册。文字繁冗，亟待董理。际兹世变，异日能续印否，殊未敢言。友人傅沅叔贻书，属先以诸史后跋别行。余重违其意，取阅原稿，语较详尽，更摘如干条用活字集印，备读史者之参证。管蠡所及，讵敢望王、钱二子之什一，亦聊师其意而已。

　　　　　　　　　　民国纪元二十有七年九月，海盐张元济。

目 录

史 记

三家旧注

《史记》旧注，今存者三家：曰《集解》，宋中郎外兵曹参军闻喜裴骃撰；曰《索隐》，唐朝散大夫国子博士弘文馆学士河内司马贞撰；曰《正义》，唐诸王侍读宣义郎守右清道率府长史张守节撰。其始皆别自单行。《隋书·经籍志》《旧唐书·经籍志》《新唐书·艺文志》，《集解》均八十卷；《新唐·志》，《索隐》三十卷、《正义》三十卷。两书自序所述卷数同。《宋史·艺文志》，裴骃等《集注》已改为一百三十卷。《集注》当即《集解》，故王鸣盛《十七史商榷》谓："以一篇为一卷，疑始於宋。"毛晋得宋刻《索隐》，覆刻行世，犹是三十卷之旧。独《正义》三十卷原本不可得见矣。

三家注刻本

就余所见，并征诸各藏家书目，《集解》单行者有宋淳化十行十九字本，有绍兴朱中奉十二行二十二字本，有淮南路九行十六七字本，有十四行二十四至二十八字本，有十四行二十七至二十九字本，有九行十六字蜀大字本。凡此皆宋刻也。

其《集解》《索隐》并刻者，有宋乾道蔡梦弼十二行二十二字本，有淳熙耿秉十二行二十三字本，有宋刻十二行二十五字无述赞本，有蒙古中统十四行二十五字本。明游明本即从中统本出。

其三注俱全者，宋刻有黄善夫本，首《集解》序，次补《史记》序，次《索隐》序、《索隐》后序，次《正义》序，次《正义论例谥法解》，次目录。《集解》序后有"建安黄善夫刊於家塾之敬室"木记二行；目录后有"建安黄氏刻梓"木记一方。半页十行，每行二十字。小注二十三字。前有《三皇本纪》。老、庄二传，已升在《伯夷传》前。注云"依《正义》本"，然目录却未改。无刊板年月。宋讳避至光宗嫌名，当刊於绍熙之世。此本未见我国著录，惟日本涩江全善森立之《经籍访古志》载之。余为涵芬楼在京师收得半部，亦由日本来者。尚有安成郡彭寅翁刊本，亦三注俱全。半页十行二十一字，小注同。不著年月。验其板式，为元刊本。

三家注覆刻本

明本三注合刻，为世所习见者。

一、金台汪谅本。莆田柯维熊校正。前有嘉靖四年九月费懋中序，谓："司马迁《史记》，近时苦乏善本。虽陕西有翻刻宋板本，江南有白鹿书院新刻本，差强人意，然弗可辄得。"又云："白鹿本无《正义》，陕西虽有之，而《封禅》《河渠》《平準》三书均缺焉。"此未详何本。柯君悉为增入。柯氏有后跋，撰于嘉靖六年丁亥上元日。

二、震泽王延喆本。《索隐》后序末有木记七行，其文云："延喆不敏，尝闻先文恪公曰：'《国语》《左传》，经之翼也；迁《史》、班《书》，史之良也。'今吴中刻《左传》，郧中刻《国语》，闽中刻《汉书》，而《史记》尚未版行。延喆因取旧藏宋刊《史记》，重加校雠，刻於家塾，与三书并行。始嘉靖乙酉腊月，迄丁亥之三月。林屋山人王延喆，识於七十二峰深处。"按乙酉为嘉靖四年。柯本成於丁亥正月，此成於三月，相去仅两月耳。《集解》序后有"震泽王氏刻于恩褒四世之堂"木记，目录后有"震泽王氏刻梓"木记。

三、秦藩本。有嘉靖十三年秦藩鉴抑道人序，又有嘉靖庚戌秦藩允中道人修板序。序谓："叔考定王得苏本刻之，是又从震泽王氏本出也。"鉴抑为定王惟焯，允中即惟焯嗣子怀埢。按庚戌为嘉靖二十九年。

右三本，柯本最早，王本次之，秦藩本最后。行款均与黄善夫本相同。同此一书，不及十年，而翻刻者三，亦异事也。

近又见一明刻，行款版幅与黄本同。前有正德十二年丁丑闽中廖铠序，大旨谓："中统以后，翻刻者尠。搜采十馀年，始获斯本。乙亥冬，随侍出镇关西，遂谋于梓。但有《纪》《志》《表》《传》而无八书，补以缙绅所藏。讹文已甚，脱简弥滋。参眡群册，始获苟完。自丙子三月至此，踰岁刻成。"云云。原书本有补配，故目录行款略异。卷首无诸家序言及《正义论例谥法解》，当系遗佚而非原缺。揆其成书之日，早於金台汪氏、震泽王氏者八年。是则翻刻之本，当以此为较早，惜甚罕见耳。

天禄琳琅宋本《史记》三注合刻者，所谓元祐时桼张未校本及嘉定六年万卷楼本，经近人勘定皆伪造，不足论。独一本

《索隐》后序有"绍兴三年四月十二日右修职郎充提举茶盐司干办公事石公宪发刊至四年十月二十日毕工"印记。钱警石《甘泉乡人稿》谓："书估持柯本来，《索隐》序后亦有此三十八字，凡三行。"并定为柯本从绍兴本翻刻。钱氏之言当可信，然何以与黄善夫本行款全同？岂黄本亦从石本出乎？天禄琳琅藏本今已不存。余所见柯本，亦均未有此印记，可勿论矣。

震泽王本之讹夺

震泽王氏用黄善夫本覆刻，宜必一一吻合矣，而抑知不然。

《孝武本纪》，"盖若兽为符"句注"晋灼曰盖"字下，脱"辞也或曰符谓瑞应也"九字，误增"是甘泉更"四字。湖北翻刻本已改正。

《宋微子世家》，"子悼公购由立"句下，脱"年表云四十九年《索隐》曰购音古候反悼公八年卒《索隐》曰纪年为十八年子休公田立休公田二十三年卒子辟公辟兵立"大字二十、小字二十四。湖北翻刻本已补。

《孟尝君列传》，"天下之游士凭轼结靷东入齐者"句下，脱"无不欲强齐而弱秦者凭轼结靷西入秦者"十七字。湖北翻刻本仍未补。

《信陵君列传》，"以公子之高义为能急人之困"句下，脱"今邯郸旦暮降秦而魏救不至安在公子能急人之困"二十一字。湖北翻刻本已补。

王本正义不全

王本《周本纪》，"虏褒姒尽取周赂而去"句下，脱《正义》二十六字；《孝武本纪》，"其北治大池渐台"句下，脱二十五字；《律书》，"律中仲吕"句下，脱二十二字；"北至于参"句下，脱四字；"即天地二十八宿"句下，脱五十八字；"十母"句下，脱十字；"十二子"句下，脱十二字；《甘茂列传》，"自殽塞及至鬼谷"句下，脱十字；《信陵君列传》，"赵王田猎耳非为寇也"句下，脱四字；《范睢列传》，"譬如木之有蠹也"句下，脱五字。余疑王氏所得宋本，必有残佚，不得已以他本配之，故视黄氏原本有所不同。

殿本正义多遗漏

《四库总目》谓："明代监本《正义》多所删节。"因历举所遗者六十五条，且云："其一两字之出入，殆千有馀条，不可毛举。使非震泽王本俱存，无由知监本之妄删。"然以王本校之，殿本《正义》全脱者有尚有五十二条，不全者四十二条。馆臣既知《正义》独赖王本之存，何以不悉数采录？殊不可解。

监本大删三家注

以监本校黄善夫本，《集解》全删者四百九十九条，节删者三十五条。《索隐》全删者六百一十三条，节删者一百二十二条。以《正义》为尤多，全删八百三十七条，节删一百五十七条。

谥法解应用两排读法

卢抱经云："古书两重排列者，皆先将上一列顺次排讫，而后始及於下一重。自后人误以一上一下读之，至改两重为一列，亦依今人所读，而大失乎本来之次第矣。《史记正义》所载《谥法解》，亦本是两重改为一列，又多间杂，亦当移正。"云云。黄本是篇讹误，正如所言。今试举数条以证明之，馀可类推。

民无能名神
一德不懈简
靖民则法皇
平易不訾简
德象天地帝
尊贤贵义恭
仁义所往王
敬事供上恭
立志及众公
尊贤敬让恭
执应八方侯
既过能改恭

如分为两重读之，则上列为"神皇帝王公侯"，下列为"简简恭恭恭恭"，便觉次序井然矣。

汉 书

景祐本之由来

叶梦得《石林燕语》语曰："五代时冯道奏请，始官镂六经板印行。国朝淳化中，复以《史记》、前后《汉》付有司摹印。自是书籍刊镂者益多。"《宋史·余靖传》"建言班固《汉书》舛谬，命与王洙并校司马迁、范晔二史，书奏，擢集贤校理"。是本卷末亦载余靖上言："国子监所印两《汉书》，文字舛讹，恐误后学，臣谨参括众本，旁据他书，列而辨之，望行刊正。"诏送翰林学士张观详定闻奏，又命国子监直讲王洙，与靖偕赴崇文院雠对。两《汉》既系同校，则刊刻亦必同时。陈仲鱼跋大德本《后汉书》，谓："卷末云'右奉淳化五年七月二十五日敕重刊正'，后有景祐元年九月秘书丞余靖上言，版心有'大德九年刊补'，盖景祐所刊淳化本而元时重刊者。"云云。范《书》既以淳化覆刊，班《书》自必同所自出。是本虽无奉淳化敕语，然卷末有"班固《前汉书》凡百篇，总一百二十卷，十二《帝纪》一十三卷，八《表》一十卷，十《志》一十八卷，七十《列传》七十九卷"三行，适在本叶之尾。此下一叶，或即载此文字，偶被遗佚，亦未可知。

景祐本之递嬗

　　《汉书》由景祐出者，一，宋福唐本。丁氏《藏书志》云："宋讳有缺笔，版心注'大德至大元祐元统补刊'。"明天顺五年镇守福建都知监少监栝苍冯让重修跋云："福庠书集，板刻年深，询知模糊残缺过半，不便观览，心独恻然，鸠工市版补刻。"等语。二，元大德本。黄荛圃跋《后汉书》，谓："景祐至大德，大德至弘治递为修补。"而陈仲鱼则以为"元时重刊。两《汉》往往同刻，自可以此例彼。"是本所配《沟洫》《艺文》二志，亦均大德八年刊及至大、延祐、元统补刻，虽无景祐原本一页在内，而实为其所出，可断言也。三，明正统本。荛圃言："建安刘原起本，又有一大字，皆名为宋，而实则不及元、明刊本。惟正统本最称善，以所从出为淳化本也。"以上诸本皆半页十行二十九字，小字二十五至二十八字，与是本全同。覆刻且为世重，此为原刻，其声价不更增乎！是本《礼乐志》末有"学生席珍斋谕何霆校勘"一行，《五行志》中末有"对勘官左通直郎知福州长乐县主管劝农公事刘希亮"一行。学生斋谕均厕身庠中，对勘者又服官福州，於福唐本当有关系。

　　宋时刊本，尚有绍兴蜀大字本，半页九行二十六字；淳熙湖北茶盐司本，半页十四行二十七字；庆元建安刘之问即上文之刘原起本，半页十行十八字；嘉定建安蔡琪本，半页八行十六字。行款不同，皆与是本无涉。

景祐本为见存最古善本

《宋会要》，"咸平中真宗命刁衎、晁迥与丁逊覆校两《汉书》板本"。景德二年七月，衎等上言："博访群书，遍观诸本，校定凡三百四十九条，签正三千馀字，录为六卷以进。"景祐元年余靖请刊正者，既云"参括众本"，当必有景德本在内。至二年九月校毕，又增七百四十一字，损二百一十二字，改正一千三百三字。一校再校，自不能不推为善本。

颜师古叙例

景祐本每卷卷首次行题"秘书监上护军琅琊郡开国子颜师古注"。刘之问本、蔡琪本均作"集注"，瞿木夫以有"集"字为是。余意不然。晁《志》谓："唐太宗子承乾令颜师古考众说为之注。"陈《录》亦云："师古总先儒注解服虔、应劭而下二十馀人，删繁补略，裁以己说，遂成一家。然则师古虽集众人之说，而实一家之言也。"是本不附师古叙例，汲古阁刊本亦同。王鸣盛极斥其非。按是本卷末，有"引颜师古叙例"云云，是原未附刊，而实非遗漏也。

附记《先儒注解名姓》，於荀悦、伏虔、应劭、伏俨、刘德、郑氏、李斐、李奇、邓展、文颖、张揖、苏林、张晏、如淳、孟康、瓒昭他本均作"项昭"、韦昭、晋灼、刘宝、臣瓒、郭璞、蔡谟、崔浩之后，又增入颜籀之名。然亦仅二十四人。原文称"可见者二十五人"。王鸣盛谓："《艺文志》张良、贾谊、司马相如、东方朔、扬雄等传，各有臣佖附校一段。"则张佖自当补入，人数并无欠缺。

文字增损均胜时本

齐召南跋殿本谓："明人旧板，於颜注所引二十三家之说，十删其五。"又谓："奉敕校刊，于是书又加详慎。遍蒐馆阁所藏数十种及李光地、何焯所校，再三雠对。凡监本脱漏，并据庆元旧本补缺订讹，正其舛谬，稍还古人之旧。"云云。是殿本宜若无所遗佚矣。然以景祐本勘之，凡漏载颜氏及诸家注释，仍复不少。即《外戚传》卷首一页中，其失去颜氏之注，已有四百十一字，他可见矣。然本书正文，反有见於殿本而为是本所无者。如：

《高纪》，十二年，"吕后迎良医医入见上问医曰疾可治"下，有"不医曰可治"五字，是本无。

《元纪》，永光元年，"赐吏六百石以上爵五大夫勤事吏二级"下，有"为父后者"四字，是本无。

《司马相如传》，"其卒章归之于节俭因以风谏"下，有"奏之天子天子大说"八字，是本无。

又，"云梦者方九百里其中有山焉其山则盘纡岪郁"下，有"隆崇律崒"四字，是本无。

《京房传》，"春秋所记灾异尽备陛下视今为治邪乱邪"下，有"上曰亦极乱耳尚何道房曰今"十二字。是本"治邪乱邪"下直接"所任用者谁与"句，并无中间之十二字。

不知者必以此为宋本之玷。宋本固不能无所讹误，然以上数则增出之字，均为后人妄加。王念孙曾遍引他书为之证明。

钱大昕考异可信

钱大昕撰《廿二史考异》亦未获见是本。证之如下：

《哀帝纪》，"元寿二年春正月"，"'元寿'二字衍文。"是本原无"元寿"二字。

《古今人表》，廖叔安上中，师古曰："《左氏传》作'戮'，《左传》作'飂'。此云'戮'误。"是本原云："《左氏传》作'飂'。"

《律历志》一下"求八节加大馀四十五小馀千一百"，林文炳曰："当作'小馀千一十'。"林说是。是本原作"千一十"。

《张耳传》，"东井者秦分也先至必亡"，"'亡'字疑误。"是本作"必王"，不作"必亡"。

《枚乘传》，"凡可读者不二十篇"，"'不'当作'百'。枚皋赋百二十篇。"是本"不"原作"百"。

《韩安国传》，"梁城安人也"，"按《地涅志》，成安县属陈留郡，本梁地，武帝始置为郡。故史系之梁耳。'城'当作'成'。"是本"城"原作"成"。

《佞幸传》，"后姊嫮为龙雒思侯夫人"，"'雒'当作'额'。韩宝嗣父增为龙额侯，谥曰思。"是本"雒"原作"额"。

《叙传》上，"思有短褐之衰"，"'短'当作'裋'。《说文》'裋竖使布长襦'，贡禹《货殖传》均有'裋褐不完'之语"。是本"短"原作"裋"。

古今人表

班氏曰:"桀、纣可与为恶,不可与为善,是谓下愚。"今纣在九等而桀乃在八等。张晏注:"田单、鲁连、蔺子在第五。"今田单乃在四等,鲁仲连、蔺相如乃在二等。寺人、孟子在第三,今乃在四等,嫚毐在第七,今失名。刘知幾谓:"晋文臣佐舟之侨在三等,阳处父在四等,士会在五等,燕之宾客高渐离在五等,荆轲在六等,秦武阳在七等。"又谓:"邓侯入下愚之上,即第七等,三甥列中庸下流,皆在第六等。"今阳处父乃在三等,士会、高渐离均在四等,荆轲、三甥均在五等,秦武阳、邓侯均在六等。此钱大昕谓:"后人妄以己见升降出入,或转写讹舛,失其本真者也。"唯唐人以老子升入上圣,此则仍在四等,犹是班氏原本之旧。

正文注文错简

《李广利传》有错简正文六十九字,注文二十八字。景祐本与监本、汲古本、殿本均同,盖沿误久矣。王念孙《读书杂志》依《史记·大宛传》改正如下:

景祐本

围其城,攻之四十餘日。宛贵人谋曰:"王母寡匿善马,杀汉使,师古曰:'母寡宛王名'。今杀王而出

善马，汉兵宜解。即不，乃力战而死，未晚也。"宛
贵人皆以为然。共杀王，其外城坏，虏宛贵人勇将
煎靡。师古曰："宛之贵人为将而勇者，名煎靡也。""煎"音
子延反。宛大恐，走入城中，相与谋曰："汉所为攻宛，
以王母寡。"持其头，遗人使贰师。

王氏改正

围其城，攻之四十馀日。其外城坏，虏宛贵人
勇将煎靡。师古曰："宛之贵人为将而勇者，名煎靡也。""煎"
音子延反。宛大恐，走入中城，相与谋曰："汉所为攻，
宛以王母寡匿善马杀汉使。师古曰："母寡，宛王名。"今
杀王而出善马，汉兵宜解。即不，乃力战而死，未
晚也。"宛贵人皆以为然。共杀王，持其头，遗人使
贰师。

原文文义不顺。察其字体，并无顾千里所谓补版及剜损
之迹。盖原本如此，岂余靖等未曾刊正耶？

殿本从刘之问刊本出

建安刘之问 王鸣盛《十七史商榷》、吴骞《愚谷文存》、
杨绍和《楹书隅录》均作"之同"，瞿氏《铁琴铜剑楼藏书志》作"之
问"，顾广圻《百宋一廛赋》及注均作"同"，惟明监本王先谦《汉
书补注》作"之问"。余见初印宋本，实作"之问"。庆元初刊《汉
书》，其自跋称得宋景文公所校善本凡十五家：即一

古本，二唐本，三江南本，四舍人院本，原注"江南本在舍人院，亦曰舍人院本"。一本二目，故并称之。五淳化本，六景德监本，七景祐刊误本，八我公本，九燕国本，十曹大家本，十一阳夏公本，十二晏本，十三郭本，十四姚本，十五浙本，十六闽本。又有名儒议论，凡景文所附者，悉从附入，以圈间之。又自景文校本之外，复得十四家善本，即一熙宁本，二卷子古本，三史馆本，四国子监本，五陈和叔本，六邵文伯本，七谢克念本，八杨伯时本，九李彦中本，十张集贤本，十一王性之本，十二赵德庄本，十三沈公雅本，十四王宣子本。逐一雠对，亦可以谓之不苟矣。明监本即据刘本覆刻，然脱漏甚多。齐召南跋殿本，谓："据庆元旧本补缺订讹，正其舛谬，以付开雕。"又卷一上考证云："监本脱宋祁一段。今从宋本。凡三刘刊误宋祁、朱子文诸说，别以一圈，脱者俱补。"是殿本悉出之问刊本，可无疑义。

宋祁校语各本非捏造

《鲒埼亭集》外编有《辨宋祁〈汉书〉校本》一篇，谓："宋椠《汉书》，引之甚备。细阅之，乃知非景文之书。南渡末年，麻沙坊中不学之徒依托为之。"又历举可疑者五端，以伸其说。宋祁校语，诚有可疵议者。后人依托，事或不免。然谢山竟谓："所引南本、浙本、越本、邵本为信口捏造。"则未免过甚其词。按景祐元年，余靖上言，有"参括众本"之语。《崇文总目》亦云："宋祁、余靖等雠对三史，悉取三馆诸本以相参校。"

此所谓南本、浙本、越本、邵本，安知不即在众本诸本之中？
又《宋景文笔记》涉及《汉书》者，亦有江南本、官本、韦本、
北本之言。叶梦得《石林燕语》亦云："余在许昌得宋景文用
监本手校《西汉》一部，末题'用十三本校'，中间有脱两行者。"
凡此皆可为宋氏辨证者也。

宋祁校语多可采

高邮王念孙精于雠勘。其校《汉书》，往往引宋祁校语纠
正时本，且均与是本合。今历举如左：

《高纪》十二年，"上问医曰疾可治不医曰可治"，
是本无"不医曰可治"五字，与宋祁所谓旧本、越本合。

《武纪》征和三年，"丞相屈氂下狱要斩妻子枭
首"，是本无"子"字，与所谓旧本合。

《元纪》永光元年，"赐吏六百石以上爵五大夫
勤事吏二级为父后者民一级"是本无"为父后者"
四字，与所谓越本合。

《礼乐志》，"四时舞者孝文所作以明示天下之安
和也"，是本无"明"字，与所谓邵本合。

《郊祀志》，"上以牡荆画幡日月北斗登龙以象大
一三星为泰一锋旗"，是本无"旗"字，与所谓越本、
新本合。

又"作二十五弦及空侯瑟自此起"，是本"空"
作"坎"，与所谓邵本合。

又"遂至东莱东莱宿留之"，是本不叠"东莱"

二字，与所谓淳化本合。

《地理志》上，桂阳郡，"桂阳汇水南至四会入郁林"，是本无"林"字，与所谓景本合。

《王陵传》，"平日各有主者"，是本无"各"字；《郦商传》，"得丞相守相大将军各一人小将军二人"，是本无二"军"字；《周昌传》，"于是苟昌自卒史从沛公"，是本"自"作"以"。以上三条，皆与所谓越本合。

《任敖传》，"苍尤好书无所不观无所不通而尤邃律历"，是本"尤好"作"凡好"，与所谓学官本合。

《申屠嘉传》，"其见宠如是"，是本无"见"字，与所谓越本合。

《晁错传》，"前击后解与金鼓之音相失"，是本"音"作"指"，与所谓学官本、越本合。

《郑当时传》，"客至亡贵贱亡留门下者"，是本无"下"字，与所谓邵本合。

《枚乘传》，"此愚臣之所以为大王惑也"，是本无"以为""王"三字，与所谓景德本合。

又上书"北缺自陈枚乘之子上得之大喜"，是本无"之"字。《霍去病传》，"元狩三年春为票骑将军"，是本"三年"作"二年"。以上二条，皆与所谓越本合。

《公孙敖附传》，"以将军出北地后票骑失期"，是本无"失"字，与所谓景德本合。

《司马相如传》《子虚赋》"其山则盘纡茀郁隆崇律崒"，是本无"隆崇律崒"四字；又《谕告巴蜀民檄》，"今奉币使至南夷"，是本"使"作"役"；《司马迁传》，"及如左丘明无目孙子断足"，是本无"明"字；

《武五子燕剌王旦传》，"是时天雨虹下属宫中饮井水井水泉竭"，是本无"泉"字；《严助传》，"留军屯守空地旷日持久"，是本"持"作"引"。以上五条，皆与所谓越本合。

《匡衡传》，"贤者在位能者在职"，是本"在职"作"布职"，与所谓越本、别本合。

《孔光传》，"故霸还长安子福名数于鲁奉夫子祀"，是本无"安"字，与所谓浙本合。

《南粤传》，"大后怒钬嘉以矛"，是本"钬"上有"欲"字，与所谓别本合。

《叙传》下，"后昆承平亦有绍土"，是本作"亦犹有绍"，与所谓监本、浙本、越本合。

此皆时本误，而景祐本不误，宋祁所举各本亦不误者。又安可一笔抹杀也。

后汉书

绍兴监本

范《书》世存宋本尚不少。钱泰吉校是书时所见者，有义门校《本纪》第三至九卷之残宋本，校《律历》至《礼仪志》之北宋小字残本，校《郡国志》第十九至二十二卷之宋一经堂本，小山校《蔡邕传》之钞补北宋本，校第九十卷之淳化校定本及麻沙刘仲立本。近时常熟瞿氏、聊城杨氏、德化李氏、乌程刘氏，亦均藏有宋刻，然无一与此合者。惟北平图书馆及日本静嘉堂文库各有残本，行款相同，然彼多系后来补刻。李心传《建炎以来朝野杂记》云："绍兴末年，张彦实待制为尚书郎，始请下诸道州学取旧监本书籍镂板颁行。从之。然所取者多有残缺，故胄监刊六经无《礼记》，正史无《汉书》。二十一年五月，辅臣复以为言。上谓秦益公曰：'监中其他缺书，亦令次第镂板。虽重有费，不惜也。'"观此知当时剞劂，颇极郑重。是书校印较精，疑即彼时所刊监本。

避宋讳特严

余见宋刊本多矣。所避宋讳，罕有如是之谨严者。圣祖讳有玄、玹、绞、駧、縣、懸、懸、朗、朗等字；僖祖有朓字，翼祖有敬、儆、驚、警、竟、鏡、境等字；宣祖有弘、䏍等字；太祖有匡、匡、筐、恇、恇、洭、俇、俇、胤、胤、胤、靷等字；太宗有潁、潁字；真宗有恒字；仁宗有禎、禎、楨、楨、偵、佔、湞、貞、貞、徵、懲等字；濮安懿王有譓、㜤、穰等字；神宗有頊、項、晷、旭、畜、署、署、曙、樹、澍、豎、豎、豎、豎、竪、袇、戌、戍等字；哲宗有傭、偁、傭、煦、杅等字；钦宗有桓、垣、昔、宁、丸、紈、洹、荁、笲等字；高宗有構、槽、構、擓、搆、搆、媾、賰、媾、購、購、遘、遘、遘、觳、觳、雛、雊、雛、鴝、垢、訽等字。桓字或作"渊圣"御名，構字或作"今上御名"，此二字亦有缺末笔者，大都就四小字原格剜改，且有多处剜而未补，遂留空格。是知刊版在南宋初年，而竣工之时，已在孝宗受禅之后。故瑗、玮、慎三字亦兼避也。又真宗大中祥符七年，禁文字斥用黄帝名号。是本"轩辕"二字亦缺末笔，此则他书甚罕见者。

志不当夹入纪传间

《志》三十卷，为司马彪所撰。其先本自单行。《崇文总目》《郡斋读书志》均作《后汉书》九十卷、《志》三十卷。《直斋书录解题》亦云："《后汉书》九十卷、《后汉志》三十卷。"其与《纪》《传》合刊者，始于孙奭之奏请。洪迈《容斋四笔》，"淳化五年监中所刊《后汉书》凡九十卷，惟《帝后纪》十卷、《列传》

八十卷而无《志》。乾兴元年，判国子监孙奭始奏以补前史之缺。"云云。是可证也。前校班《书》时，获见乾兴元年中书门下牒国子监文一通，即孙奭以刘昭注司马彪《志补》、章怀注范《书》故事，更足征信。是本《列传》卷一，大题《后汉书》十一，直接《皇后纪》第十，循序而下，至《后汉书》九十而止。《志》三十卷，均无大题，与《纪》《传》全不衔接，当犹是淳化、乾兴旧式。然目录则已以《志》羼入《纪》《传》之间，两不相应，殊不可解。陈《录》称《馆阁书目》直以百二十卷并称蔚宗撰。按《中兴馆阁书目》，陈骙叔进等撰，淳熙五年上之。亦见陈《录》。是本同时刊成。意者编目之时，作者获见《馆阁书目》，以为撰自一人，遂沿《纪》《志》《传》先后之成例而混合之，遂致有此歧异欤。

刘昭注范书纪传不传注司马志独传

《梁书·文学刘昭传》，"昭集《后汉》同异，以注范晔《书》，世称博悉"。范《书》无《志》，是所注为《纪》《传》也。其注补八《志》，别有自序，曰："司马续书，总为八《志》。"又曰："徒怀缵缉，理慙钩远，乃借旧《志》注以补之。狭见寡陋，匪同博远。及其所值，微得论列，分为三十卷以合范史，求於齐工。"其《本传》曰："集注范《书》一百八十卷者，是必并《纪》《传》《志》而言。"王鸣盛谓："章怀诏集诸儒共注范《书》，不免袭取刘昭旧注。"又谓："注《纪》《传》易，注《志》难。避难趋易，故于《志》仍用昭注。"司马彪《续汉书》《纪》《传》不传而《志》独传，刘昭注范《书》，《纪》《传》不传而注司马《志》独传，亦一异也。是本司马《志》，每卷均题"刘昭注补"，不失原序之意。殿本乃易"注补"为"补注"，故王氏极诋谌之，而钱大昕亦讥其有失本来面目。

注语入正文附传跳行均误

《郭太传》注："初太始至南州过袁奉高不宿而去从叔度累日不去或以问太太曰奉高之器譬之泛滥虽清而易挹叔度之器汪汪若千顷之陂澄之不清扰之不浊不可量也已而果然太以是名闻天下"七十四字，本为章怀引谢承书中之语。监本、汲古本、殿本皆列入正文。是本独否。钱大昕谓："尝见南宋本及明嘉靖己酉福建本，皆不误。盖必从旧本出也。"又以下左原、茅容、孟敏、庾乘、宋果、贾淑、史淑宾、黄允、谢甄、王柔及其弟泽诸人，皆为太所奖拔，故史云著之篇末。今时本一一跳行，殊不合附传之体，且其下尚有张孝仲、范持祖、召公子、许伟康、司马子威等，又在王柔兄弟之后，即本传所谓皆如所鉴者，其文气联贯而下，故跳行实误也。

刘攽所刊误字不误

昔人校勘范《书》，莫详于宋之刘攽。《宋史》言："攽邃史学，作《东汉刊误》，为人所称颂。"是本于刘氏所指之误，均不复见，或即据刊误改正，否则所据之本，出於刘氏所见之外，未可知也。如：

《光武帝纪》，"建武九年初置青巾左校尉官。十五年，复置屯骑长水射声三校尉官。十九年，复置函谷关都尉"。又《列传》第九《耿国传》,"遂置度辽将军"。是本四"置"字刘氏所见均误"致",故均谓:"'致'宜作'置'。"

《明帝纪》,"亦复是岁更赋",注"当行者不可往即还因住一岁",是本"住"字刘氏所见误"任",故谓:"'因任一岁',案'任'当作'住'。"

《章帝纪》,"建初四年,教学为本。"注"夏曰校"。是本"校"字刘氏所见误"教",故谓:"'夏曰教','教'当作'校'。"

《灵帝纪》,"熹平四年,为民兴利。"注"《前汉·地理志》及《续汉·郡国志》并无监。今蒲州安邑县西南有盐池。"是本"无监"二字刘氏所见误"无盐",又"盐池"误"盐城"。故谓:"注'盐城'当作'盐池'耳。及'无盐'字下当有一'监'字。"

又,"中平六年,上军校尉蹇硕下狱死。"是本"狱"下刘氏所见脱"死"字。故谓:"正文'蹇硕下狱',案硕以此时诛,实少一'死'字。"

《齐武王传》,"引精兵十万南渡黄淳水。"是本"黄"字刘氏所见误"潢",故谓:"'潢'字据注唯当作'黄'。"

又"子炀王石嗣",是本"炀"字刘氏所见误"殇",故谓:"王石立二十四年不可以殇谥,盖是'炀'字。"

《窦宪传》,"发北军五校",注"汉有南北军中侯一人六百石掌临五营。"是本"五"字刘氏所见误"立",故谓:"'掌临立营','临'当作'监','立'当作'五'。"

《冯衍传》，"陂山谷而间处兮守寂寞而存神"。注"陂音兵义反"。是本"兵"字刘氏所见误"丘"，故谓："注陂丘义反，切不得。'丘'当作'兵'。"

《樊儵传》，"儵字长鱼"，是本下文全作"儵"。刘氏所见误"鲦"，故谓："按'鲦'非鱼类，与名不合，疑本是'儵'字。又按儵弟名鲔，知作'儵'无疑。"

又"如令陛下子臣等专诛而已"。是本"如令"二字，刘氏所见误"如今"，故谓："案文'今'当作'令'。"

《郑玄传》，"其勗求君子之道研钻勿替"。是本"钻"字刘氏所见误"钻"，故谓："案文'钻'当作'钻'。"

《度尚传》，"夫事有虚实法有是非"。是本"夫事"二字刘氏所见误"大事"，故谓："案文'大'当作'夫'。"

《刘恺传》，"如今使臧吏禁锢子孙"。是本"今"不作"令"，"今"义亦较"令"字为长。刘氏所见殆作"如令"，故谓："案文多一'如'字。"

《朱晖传》，"数年坐法免"，注"坐考长吏囚死狱中"。是本"吏"字刘氏所见误"史"，故谓："案临淮郡无长史。既言囚死狱中，当是'吏'字。"

又"惟今所言适我愿也"。是本"今"字刘氏所见误"令"，故谓："'惟令所言'，案时晖未为尚书令，明此'令'字是'今'字。"

《应劭传》，"夫国之大事莫尚载籍"。是本"籍"字下刘氏所见殆有"也"字，故谓："案文多一'也'字。"

《李云传》，"帝者谛也"。注"帝之言谛也"。是本"言谛"二字刘氏所见误"谛言"，故谓："注'帝之谛言也’，案文‘言’当在‘谛’字上。”

《张衡传》，“曾何贪于支离而习其孤技耶”，注“学屠龙于支离益”。是本“益”字刘氏所见误“盖”，故谓：“注‘支离盖’，案《庄子》，‘盖’当作‘益’，支离其名益耳。后人不读《庄子》，妄改为‘盖’。”

又“羁要裹以服箱”。是本“裹”字刘氏所见误“裒”，故谓：“案要裒古良马，当作‘裹’，从马。”

又“歘神化而蝉蜕兮朋精粹而为徒”，注“蝉蛇蜕所解皮也”。“蝉”下有“蛇”字。考《说文》虫部，“蜕，蛇蝉所解皮也”。知是本不误，特文字颠倒耳。刘氏所见殆有缺文，故谓：“当云蜕蝉所解皮，但未言及‘蛇’字。”

《赵岐传》，“著孟子章句”。是本“孟”字刘氏所见误“要”，故谓：“正文‘著要子章句’，案‘要’当作‘孟’。”

《陈蕃传》，“震受考掠誓死不言”。是本“受”字刘氏所见误“授”，故谓：“案文‘授’当作‘受’。”

《公孙瓒传》，“每闻有警瓒辄厉色愤怒”。是本“警”字刘氏所见误“惊”，故谓：“‘惊’当作‘警’。”

《西域莎车国传》，“不复置王但遣将镇守其国”。是本“王”字刘氏所见误“正”，故谓：“案文‘正’当作‘王’。”

《鲜卑传》，“将帅良猛财赋充实”。是本“赋”字刘氏所见误“富”，故谓：“‘富’字当作‘赋’。”

据此，则是本校印之精，实胜于刘氏所见之本矣。

蔡邕石经存毁之数

《蔡邕传》，"邕乃自书册于碑，使工镌刻，立于太学门外。"原注："《洛阳记》曰：'太学在洛城南开阳门外。讲堂长十丈，广二丈。堂前石经四部，本碑凡四十六枚。西行，《尚书》《周易》《公羊传》十六碑存，十二碑毁；南行，《礼记》十五碑，悉崩坏；东行，《论语》三碑，二碑毁'。"殿本注："《论语》三碑作二碑。"刘攽曰："注《论语》二碑毁，案文当是一碑毁。若二碑毁者，当云'皆毁'而已。"是刘攽所见之本，与殿本同。按原注碑凡四十六枚：西行存十六碑，毁十二碑；南行十五碑悉崩坏。共四十三枚。合之东行《论语》三碑，正得四十六枚。若《论语》仅得二碑，则碑数只得四十五，与上文不合。故知此作三碑为不误。刘氏所以反复辨正者，盖所见之本先误也。

三国志

衢州本为上建本次之

衢州本《国志》，余曾见数部，多有元、明补刊之页。涵芬楼所藏，版印极精，无一补版，然只存《魏志》。又于静嘉堂文库见昔士礼居所藏宋刻单行《吴志》。又于松江韩氏见宋刻小字本，然亦仅存《魏志》九卷。元有池州本，半页十行二十二字。此较易得。余亦曾见二部，版印均佳，然讹字极多，难称善本。无已，其惟此建本乎。

殿本卷第淆乱

建本宋讳避至廓、郭等字，当为宁宗时刊本。《魏志》三十卷、《蜀志》十五卷、《吴志》二十卷，目录各置本志之前，大题则连贯而下，为数六十有五。殿本废去大题，并总目为六十五卷，而三志分卷，又各自为起讫。前后歧出，全不相应。以云体例，似未合也。

三志单行本

是本《蜀志》卷首有咸平中书门下牒文一通。牒前标明《蜀志》。余前见单行《吴志》，亦冠有咸平中书门下牒文。是可见三志原自单行。此后刊刻，或取单行本以资参考，故此仍留《蜀志》牒文也。

殿本考证讹字可信

海源阁所藏《国志》，亦即此本。杨绍和跋所言殿本《考证》中举正之讹字，是本一一相合。然尚有所未尽，今补校如下：

> 《魏书·蒋济传》，"弊敁之民，倘有水旱，百万之众，不为国用"。《考证》谓："似应作'赳'。"此正作"赳"。
>
> 《乌丸鲜卑东夷传》，"故但举汉末魏初以来以备四夷之变云"，注"悉秃头以为轻便"。《考证》谓："一本作'髡'。"何焯引《说文》"髡"字注，以证"髡"字之合。此正作"髡"。
>
> 《蜀书·向朗传》，"历射声校尉尚书"，注"镇南将军卫瓘"。《考证》引《卫觊传》："瓘为镇西将军"，谓："作'镇南'字误。"此正作"西"。
>
> 《杨洪传》，"能尽时人之器用也"，注"初往郡后为督军从事"。《考证》谓："'往郡'疑作'仕郡'。"此正作"仕"。

《吴书·孙权传》，"屈身于陛下是其略也"，注"《吴书》咨字德度南阳人。""书"下《考证》疑脱"曰"字。此正有"曰"字。

《刘繇传》，"繇伯父宠为汉太尉"，注"山阴县民去治数十里。"《考证》谓："'民'各本俱讹作'氏'，今改正。"此正作"民"。

《士燮传》，"壹亡归乡里"，注"会卓入缺壹乃亡归"。《考证》疑"缺"作"關"。此正作"關"。

《周鲂传》，"推当陈愚，重自披尽。惧以卑贱，未能采纳。"《考证》"推"疑作"惟"。此正作"惟"。

时本讹文衍文夺字俗字均可矫正

殿本从明监本出，故多舛错。馆臣虽以宋本校正，然遗漏仍多。汲古阁本号称精校，亦有与监本、殿本同误者。今列举如下：

一曰讹文

《魏书·杜畿传》，"然亦怪陛下不治其本而忧其末也。"诸本"治"均误"知"。

《张郃传》，"从讨柳城，与张辽俱为军锋，以功迁平狄将军。"诸本"从"均误"后"。

《庞惠传》，"惟侯戎昭果毅，蹈难成名。"诸本"戎"均误"式"。

《王昶传》，"若范匄对秦客而武子击之。"诸本"而"均误"至"。

《蜀书·先主传》，"今上天告祥，群儒英俊，并起河洛。"诸本"起"均误"进"。

《秦宓传》，"宓称疾卧在第舍。"诸本"第"均误"茅"。

《刘封传》，"先主因令达并领其众留屯江陵。"诸本"其"均误"兵"。

《杨戏传》，"维外宽内忌，意不能堪。"诸本"意"均误"竟"。

《吴书·骆统传》，"其姊仁爱有行，寡归无子。"诸本"归"均误"居"。

一曰衍文

《魏书·刘晔传》，"子寓嗣"，注"复每问皆同者，晔之情必无所逃矣。"诸本"所"下均衍"复"字。

《蒋济传》，"今其所急，惟当息耗百姓，不至甚弊。"诸本"急"下均衍"务"字。

《张既传》，"斩首获生以万数"，注"不欺明公，假使英本主人在实不来此也。"诸本"来"下均衍"在"字。

《邓哀王冲传》，"世俗以为鼠齧衣者其主不吉。"诸本"主"下均衍"者"。

《蜀书·马良传》，"及先主入蜀，诸葛亮亦从往。"诸本"从"下均衍"后"字。

《邵正传》，"薛烛察宝以飞誉"，注"吾有宝剑五，请以示子，乃取豪曹巨缺。"诸本"取"下均衍"其"字。

《黄权传》，"待之如初"，注"诗云乐只君子保义尔后，其刘主之谓也。"诸本"之"下均衍"所"字。

《吴书·陆凯传》，"吴郡吴人"。诸本"人"下均衍"也"字。

一曰夺字

《魏书·张既传》，"封妻向为安城乡君"。诸本均夺"封"字。

《苏则传》，"帝大怒踞胡床拔刀"。诸本"踞"下均夺"胡"字。

《杜畿传》，"若使善策必出于亲贵，亲贵固不犯四难以求忠爱。"诸本均夺下"亲贵"二字。

《蜀书·刘璋传》，"无恩德以加百姓，百姓攻战三年，肌膏草野者，以璋故也。"诸本均夺下"百姓"二字。

《诸葛亮传》，"因结和亲，遂为与国。"注"据正道而临有罪"。诸本均夺"正"字。

《庞统传》，"先主大笑，宴乐如初。"注"若惜其小失而废其大益。"诸本均夺下"其"字。

《秦宓传》，"诗云鹤鸣于九皋。"诸本均夺"于"字。

《吴书·步骘传》，"骘于是条于时事业在荆州界者。"诸本均夺"业"字。

一曰俗字

《魏书·齐王纪》，"西域重译献火浣布，诏大将军太尉临试，以示百寮。"注"斯调国有火州，在南海中。"诸本"州"均作"洲"。

《陈思王植传》,"诚以天罔不可重离。"诸本"罔"均作"网"。

《卫觊传》,"茵蓐不缘饰,器物无丹漆。"诸本"蓐"均作"褥"。

《徐邈传》,"徐公志高行絜,才博气猛,其施之也高而不狷,絜而不介。"诸本两"絜"字均作"洁"。

《胡质传》,"官至徐州刺史",注"家贫无车马童仆。"诸本"童"均作"僮"。

《邓艾传》,"封子二人亭侯各食邑千户。"注"百姓贫而仓禀虚。"诸本"禀"均作"廪"。

《管辂传》末,注"生惊举刀斫正断要,视之则狐。"诸本"要"均作"腰"。

《蜀书·诸葛亮传》,"卒于军,时年五十四。"注"忧恚欧血"。又下文松之注,"欧血"字凡三见。诸本"欧"均作"呕"。

《黄权传》,"瞻犹与未纳,崇至于流涕。"诸本"与"均作"豫"。

古写本之异同

友人有得新疆鄯善出土古写本《国志》者,起《吴书·虞翻传》"权于是大怒"句"怒"字,讫《张温传》"臣自入远境"句"境"字。凡八十行,中有蠹损,存字一千九十许。用校此本,颇有异同。今闻其物已流出域外矣。异同如下:

宋本	古写本
惟大司农刘基起抱权	无"农"字
手杀善士	无"手"字,"杀"作"煞"。
	下均作"煞"。
天下孰知之	□谁不知之
曹孟德尚杀孔文举	无"尚"字
孤于虞翻何有哉	无"有"字
孟德轻害士人	"人"作"仁"
何得自喻于彼乎	"得"作"曾"
不应而遽避之	而遽乙转
又经芳营门	又经□□中芳门
当闭反开当开反闭	二句乙转
世岂有仙人也	"也"作"邪"
权积怒非一	"积"作"责"
门徒常数百人	"常数"二字蚀,"百"作"十"
终成显名	"成"作"咸"
在南十余年年七十卒	在南十余年□十九卒
翻有十一子	无"翻"字,句作"有子十一人"
汜弟忠	"忠"作"中"
聿越骑校尉累迁廷尉湘东河间太守	"聿"作"竦",无"累迁"至"太守"十字
昺廷尉尚书济阴太守	"昺"作"晃",无"尚书济阴太守"六字（以上《虞翻传》）
字公纪吴人也	"公纪"下有"吴郡"二字
须当用武治而平之	"须"作"唯"

则脩文德以来之	无"则脩"二字
虞翻旧齿名盛	"旧"字蚀,"名盛"作"成名"
又意在儒雅	"在"作"存"
著述不废	"述"作"术"
有汉志士	"士"作"民"
遘疾遇厄	"遇"作"逼"
遭命不幸	"幸"作"永"
从今已去	"已"作"以"（以上《陆绩传》）
字惠恕吴郡人也	"郡"下有"吴"字
温当今与谁为比	"比"下有"也"字
大司农刘基曰	无"司"字
可与全琮为辈	"琮"作"综"
时年三十二	"三十"作"卅"
以故屈卿行	无"以"字
便欲大搆于蜀	"搆"作"構","蜀"作"丕"
功冒溥天	"溥"作"普"
参列精之炳燿	"燿"作"耀"
吴国勤任旅力	"任"作"恁"
平一宇内	"一"作"壹"
军事兴烦	"兴"作"克"
是以忍鄙倍之羞	"倍"作"陪","羞"字蚀
臣自入远境	无"入"字

上之异同，写本略有舛误，然大都胜于宋本。其"大搆于丕"一句，友人谓足以纠正宋本之非。按张温使蜀，为吴黄武三年。是时魏以兵力迫吴，曹休、曹仁、曹真等先后进击。权以扬越蛮夷，多未平集，内难未弭，不得不屈意

求和。然外托事魏而非诚服也，故与蜀释嫌修好。先以郑泉往聘，逮蜀以邓芝来报，邦交渐复。吴是时实有联蜀图魏之意，故于后来黄龙元年与蜀所立盟辞，痛斥操、丕，且有"今日灭叡，禽其徒党，非汉与吴将复谁在？"之语。若如宋本原文，便欲"大搆于蜀"，则与前后事实均不相应。且果欲搆蜀，权何必以"恐诸葛孔明不知吾所以与曹氏通意"之语语温？温到蜀后，又何敢为称美蜀政之辞？是可知宋本"蜀"字实讹，而写本"丕"字为正。诚可谓一字千金矣。

晋　书

宋刊小字本有二

　　余见《晋书》旧本多种：一，十行十九字宋刊本，元明递有修补；一，十行二十字元刊本；一，十行二十二字元大德九路刊本；一，九行十四字明覆宋本；一，十行二十字明西爽堂吴氏刊本。又有宋刊十四行二十五字本，即《东湖丛记》所称王弇州钞补旧藏天籁阁项氏、吟香仙馆马氏者。其书固佳，然未为最。此本为硖石蒋氏所藏，版印绝精。邵位西、钱警石各有题记，均极推重。惜无载记。即以弇州藏本配补，行数相同，字数仅差一二，可谓伯仲之间。

卢抱经校帝纪与宋本合

　　卢抱经以郑樵《通志》及明南北监本、毛氏汲古阁本校乾隆四年殿本《本纪》《天文志》《礼志》，见《群书拾补》，多与是本相合。今摘其属于《帝纪》各条如下：

《帝纪》一，"楚汉间司马卬为赵将"，"卬"下注"'邛'，非。"是本作"卬"，不作"邛"。又"权果遣将吕蒙西袭公安"，"袭"下注"羽衍"。是本无"羽"字。

又太和元年下，"达与魏兴太守申仪有隙"，"魏兴"下注"二字今脱"。是本不脱"魏兴"二字。又"凡攻敌必宋本误"必"作"二"扼其喉而捣其心。""捣"下注"从'木'者讹。"是殿本从"扌"，不从"木"。

又青龙元年下，"国以充实焉。""焉"下注"今脱"。是本不脱"焉"字。

又青龙二年下，"关中多蒺藜。""藜"下注"毛及音义俱不作'藜'，下同。"是本作"藜"，不作"藜"。

又青龙三年下，"帝运长安粟五百万斛输于京师。""输"下注"脱，《通志》有音义，音'戍'。"是本不脱"输"字。

又景初二年下，"帝固让子弟官不受帝"下注"今脱"。是本不脱"帝"字。

又嘉平三年下，"依汉霍光故事"，"汉"下注"今脱"。是本不脱"汉"字。

《帝纪》二，嘉平五年下，"帝乃敕钦督锐卒趣合榆。""帝"下注"今脱"。是本不脱"帝"字。

又正元元年下，"臣请依汉宋本脱"汉"字霍光故事。""依"下注"昔衍"。是本不衍"昔"字。

又景元四年下，"居守成都及备他境。""境"下注"郡非"。是本作"境"，不作"郡"。又"金城太守扬欣趣甘松"，"欣"下注"颀非"。是本作"欣"，不作"顽"。又"仍断大政","仍"下注"乃非"。
是本作"仍",不作"乃"。又"犯命凌正",注"'凌'
当作'陵'。"是本作"陵",不作"凌"。

《帝纪》三,泰始元年下,"罢部曲将长吏以下
质任。""吏"下注"今误倒"。是本作"长吏",不
作"吏长"。又"麒麟各一","麒"下注"骐讹,下
同。"是本作"麒",不作"骐"。

又泰始六年,"赐大常博士学生帛牛酒各有差",
"学生"下注"二字脱,《通志》及毛本有"。是本不
脱此二字。

又泰始九年,"鲜卑寇广寗寗"。下注"寗讹"。
是本作"寗"不作"寗"。

又咸宁三年下,"平虏护军文淑讨叛虏树机能等
并破之","并"下注"今脱"。是本不脱"并"字。

又太康元年下,"斩吴江陵督五延","五"下注
"王非,五盖子胥之后。"是本作"五",不作"王"。
又"剋州四","剋"下注"毛'克',此从《通志》,
今作'得',讹"。是本作"剋",不作"得"。

又太康四年下"牂柯獠二千余落内属"。"柯"
下注'牁'讹,下同"。是本俱作"柯",不作"牁"。

又太康六年下,"尚书褚䂮"下,注"䂮讹,音
义䂮,力灼反"。是本作"䂮",不作"契"。

"太熙元年,春正月辛酉朔改元己巳","己"下
注"今讹'乙'。是本作"己",不作"乙"。又"承
魏氏奢侈刻弊之后","刻"下注"'革',讹"。是本
作"刻",不作"革"。

《太宗赞》，"骄泰之心因斯以起"下注"'因而斯起'，讹"。是本作"斯以"，不作"而斯"。

《帝纪》四，永平元年，"得以眇身托于群后之上"。"眇"下注"从'耳'，非"。是本从"目"，不从"耳"。

又光熙元年下，"九月顿丘太守冯嵩"，"顿"下注"今讹'颖'"。是本作"顿"，不作"颖"。

《帝纪》五，永嘉五年下，"勒寇豫州诸郡"，下注"'军'，非"。是本作"郡"，不作"军"。

又永嘉六年下，"猗卢自将六万骑，次于盂城"，"盂"下注"'盆'，讹"。是本作"盂"，不作"盆"。

《史臣赞》，"尔乃取邓艾于农璅。宋本作'璅'"下注"'隙'，毛作'璅'，与'璅'同"。是本作"璅"，不作"隙"。

《帝纪》七，咸和三年下，"舟车四万次于蔡州"，下注"'洲'，案《宋志》，蒲洲、郁洲之类皆作'州'"。是本作"州"，不作"洲"。

又咸和四年下，"李阳与苏逸战于租浦"，"租"下注"侧孤，侧加二反作祖，讹"。是本作"租"，不作"祖"。

《帝纪》九，咸安二年下，"若涉泉水"。下注"即渊水，作'冰'，讹"。是本作"水"，不作"冰"。

太元十八年下，"二月乙未又地震。宋本作'地又震'。""乙"下注"'己'，讹。"是本作"乙"，不作"己"。

《帝纪》十，隆安元年下，"散骑常侍郭麏"，下注"从'麻'，讹。"是本从"麻"，不从"麻"。

其尤著者，则《帝纪》五永嘉二年下，"刘元海寇平阳河东太守路述力战死之。"卢氏谓"太守失名"。是所见之本，已佚"路述"二字，又不逮是本矣。凡此皆是本胜于殿本之处。

袁甫郑方二传跳行未添题

顾亭林《日知录》云："《华谭传》末始淮南袁甫云，今误以'始'字绝句，左方跳行，添列一袁甫题，而以'淮'字起行。又《齐王囧传》后郑方者，乃别叙其人及囧答书于后耳。跳行添题，亦误。"是本淮南袁甫及郑方者，均已跳行。《华谭传》末，已无"始"字，惟并未添袁甫、郑方二题，尚是旧式。

宋　书

卷末疏语

　　晁氏《郡斋读书志》："嘉祐中，以《宋》《齐》《梁》《陈》《魏》《北齐》《周》书舛谬亡缺，始诏馆职雠校。曾巩等以秘阁所藏多误，不足凭以是正，请诏天下藏书之家悉上异本。久之始集。治平中，巩校定《南齐》《梁》《陈》三书上之，刘恕等上《后魏书》，王安国上《周书》。政和中始皆毕，颁之学官。"云云。今所存眉山七史，《南齐》《梁》《陈》三书有曾巩等、《魏书》有刘恕等、《周书》有王安国等校上序言，与晁《志》所言合。《宋》及《北齐》二书似不当独缺，或政和中校上二书时，原有序言，而后人失之也。是书《志》第十二卷末，有"圣人制礼乐一篇中舞歌一篇"云云六十四字，《列传》第六卷末，有"臣穆等案高氏小史"云云七十五字，正与他书所称"疑者不敢损益，特各疏于篇末"体例相同。然本书百卷，而疏语仅此二条，疑必有缺失已。

少帝纪史臣论犹有遗文

　　钱氏《廿二史考异》曰："《少帝纪》卷末无史臣论，其非休文书显然。盖此篇久亡，后人杂采以补之。"云云。今宋本卷末，有"则创业之君自天所启守文之立其难乎哉"数语。玩其词意，确为史臣论断之言。惟前页已缺，其全文不可得见。后之刊本，并此仅存之一行，亦就湮灭。按宋本，本卷第四页载《皇太后废少帝令》末行"今废为荥阳，一依汉昌邑、晋海西故事"二语下有一"镇"字。以意度之，必为"镇西将军某某入纂皇统"云云。惜第五页已亡，无可徵信。弘治修版，乃以《南史》补之，一字不易，而文义不相联属，遂削"镇"字以泯其迹。不知《南史》为记事之文，本书为记言之文，强为凑合，痕迹甚显。其后北监、汲古阁、武英殿递相传刻，悉沿其误。使无兹本，几无以证钱氏之说矣。

蜀大字版在南宋时入浙

　　陆心源《仪顾堂续跋》谓："蜀大字本眉山七史，明洪武中取天下书版实京师，其版遂归南京国子监。"云云。然是本《列传》第三十四，版心有署"至元十八年杭州钱弼刊"者；第五十八，有署"至元十八年杭州刘仁刊"者。是在元时此版已离蜀矣。余尝见宋庆元沈中宾在浙左所刊《春秋左传正义》，其刻工姓名与是本同者多至数十人。其余六史，同者亦夥，镌工亦极相肖。是又宋时先已入浙之证。卷中字体遒敛，与世间所传蜀本同出一派。其版心画分五格者，殆为蜀中绍兴原刊，馀则入浙以后由宋而元递为补刻也。

武帝名均作讳字

　　王氏《十七史商榷》曰："《宋书·武帝纪》，其书檄诏策等，皆称'刘讳'。此沈约本文也。而其间亦多有直称'裕'者，则是后人校者所改。改之未净，故往往数行之中，忽'讳'忽'裕'，牵率已甚。"云云。按《武帝纪》上元兴二年下，"昨见刘讳风骨不恒"句，"非刘讳莫可付以大事"句，南监本、汲古本、殿本两"讳"字均作"裕"。而"刘讳龙行虎步"句，"刘讳以寡制众"句，又皆作"讳"，不作"裕"。《武帝纪》下永初元年下，"皇帝臣讳敢用玄牡"句，"讳虽地非齐晋"句，南监本、汲古本两"讳"字均作"裕"，而"钦若景运以命于讳"句，又作"讳"不作"裕"。是均见于同叶数行之内。王氏所斥，必即指此。然宋本实一律作"讳"。王氏所见，盖补版也。

殿本误注为正文

　　《天文志》三，义熙九年下，"今案遗文所存五星聚者有三周汉以王齐以霸"句下，注曰："周将伐殷，五星聚房，齐桓将霸，五星聚箕，汉高入秦，五星聚东井。"此二十五字为正文"周汉以王齐以霸"二句之注脚，故用夹行小字。今殿本乃作正文，于文义复出，不可通矣。

缺文不当臆补

　　史有缺文，圣人所重，郭公夏五，著于《春秋》，虽操笔削之权，而不容臆为增益。此修史之极则也。诸后妃传均曰："讳某、某郡、某县人。"独《文帝沈婕伃传》，"讳容"下空四字。以《武帝张夫人传》"不知何郡县人"例推之，则《沈婕伃传》休文原书亦必有"某郡某县"等字，而后人失之也。殿本乃实之曰"不知何许"。此不知而作之迹甚明。又《王弘传》"论州客邻伍有犯刑坐"，中有四行，各缺数字，其间原有墨丁，馀痕尚存，而殿本亦无一字之缺。阅此殊令人兴犹及之感。

南齐书

治平开版牒文

卷末有治平二年崇文院牒文，可以考见开印南北七史之由来。今录如下：

崇文院

嘉祐六年八月十一日

敕节文宋书齐书梁书陈书后魏书北齐书后

周书见今国子监并未有印本宜令三馆秘阁

见编校书籍官员精加校勘同与管勾使臣选

择楷书如法书写板样依唐书例逐旋封送杭

州开版

治平二年六月　日

眉山重刊本

宋治平中，曾巩等校上《南齐》《梁》《陈》《魏》《周》

等书，政和中颁之学官。绍兴十四年，井宪孟为四川漕，檄求当日所颁本，收合补缀，命眉山刊行。是本宋讳避至"构""慎"二字，当是绍兴蜀中重刊之本，亦即七史之第二刊本。

卷末疏语

曾巩等校上是书，遇有疑义，均于卷末附缀疏语。今存者十条。《志》第九末，有"漆画牵车注成栋梁云"四十五字；《传》第二十二末，有"张融海赋文多脱误诸本同"十一字。此二条各本皆有之。其《纪》第一"策文难灭星谋疑"七字，第四"东西二省府国长老一本长字作屯疑"十五字，《传》第六"赖原即大世疑"六字，第三十九"量广始登疑"五字，此四条则唯见于三朝本、汲古本。又《纪》第七"青莽疑"三字，《传》第七"鸣笳细锡疑"五字，第二十"徐令上文疑"五字，第三十"除青右疑"四字，则唯见于是本，而他本均无之。殿本于《纪》一之"难灭星谋"句，改为"日蚀星陨"；《传》六之"赖原即大世"句，改"大"为"天"；《传》二十"或有徐令上文长者"句，改为"或有身病而求归者"；《传》三十之"除青右出军"句，改"除"为"徐"、"右"为"诏"。明万历监本、汲古本即已如是。以文义言之，所改字句，自较顺适，然曾巩辈之所不敢擅动者，后之人乃代行之，殊失缺疑之旨矣。

补缺二页

殿本《志》第七《州郡》下，缺十八行；《传》第十六，缺十四行又三十字；第二十五，缺十四行又四字；第二十九，缺十五行又七字。明监本、汲古本同。其行数字数，均适当宋本之一页。是本后二页亦缺，而前二页犹存。此为卢氏《群书拾补》、蒋氏《斠补隅录》所未载。今录如下：

《州郡志》下第三页原文

永宁郡

　　　　长宁　上黄

武宁郡

　　　　乐乡　长林

巴州三峡险隘山蛮寇贼宋泰始三年议立三巴校尉以镇之后省昇明二年复置建元二年分荆州巴东建平益州巴郡为州立刺史而领巴东太守又割涪陵郡属永明元年省各还本属焉

巴东郡

　　　　鱼复　朐䏶　南浦　聂阳

　　　　巴渠　新浦　汉丰

建平郡

　　　　巫　秭归　北井　秦昌

　　　　沙渠　新乡

巴郡

　　　　江州　枳　垫江　临江

涪陵郡

《列传》第十六第十页原文

侍如故铄清嬴有冷疾常枕卧世祖临视赐

床帐衾褥隆昌元年加前将军给油络车并给
扶侍二人海陵立转侍中抚军将军领兵置佐
鄱阳王见害铄迁中军将军开府仪同三司铄
不自安至东府诣高宗还谓左右曰向录公见接
殷勤流连不能已而貌有惭色此必欲杀我三
更中兵至见害时年二十五
始兴简王鉴字宣彻太祖第十子也初封广兴
王后国随郡改名永明二年世祖始以鉴为持
节都督益宁二州军事前将军益州刺史广汉
什邡民段祖以镈于献鉴古礼器也高三尺六
寸六分围二尺四寸圆如筒铜色黑如漆甚薄
上有铜马以绳县马令去地尺馀灌之以水又
以器盛水于下以芒茎当心跪注镈于以手振
芒则其声如雷清响良久乃绝古所以节乐也
五年鉴献龙角一枚长九尺三寸色红有文八
年进号安西将军明年为散骑常侍秘书监领
石头戍事上以与鉴久别车驾幸石头宴会赏

舌中血出

殿本《纪》第一："秉弟遐坐通嫡母殷氏养女。殷舌中血
出。众疑行毒害。"三朝本、汲古本均作"殷言中血出"。"言"
字不可通，明监本改为"舌"字。然其人生存，仅仅舌中血出，
何足以云毒害？是本乃作"殷亡，口中血出"。原版"亡""口"
二字略小，墨印稍溢，遂相混合。由"亡""口"而误为"言"，
由"言"而变为"舌"，愈离愈远矣。按《宋书·长沙景王道

怜传》，"义宗子遐，字彦道，与嫡母殷养女云敷私通。殷每禁之。殷暴卒，未大殓，口鼻流血。"与是本"殷亡，口中血出"云云相合。殿本沿监本之讹，而案情轻重，相去不可以道里计矣。

地名脱误

《州郡志》上"南徐州南平昌郡安丘县"下，有新乐、东武、高密三县。又"越州齐宁郡开城县"下，有延海、新邑、建初三县。明监本、汲古本均有之，而殿本均佚。又末行齐隆郡，殿本注"先属交州，中改为關（关），永泰元年改为齐隆，还属關州。"按是本无两"關"字，惟原文漫漶不可辨。三朝本同，汲古本各空一格，明监本则各注"缺"字。殿本遂误"缺"为"關"。郡名无改称为關之理，且当时亦无所谓"關州"也。

荀丕苟平

殿本《王秀之传》，"州西曹荀丕遗秀之知交书"，明监本、汲古本均作"苟丕"，是本则作"苟丕"。三朝本同。下文"丕"字凡六见。他本亦均作"平"。两字形极相似，墨印稍漫，笔画易致合并。然细认仍可辨别，且第二笔姿势亦显有殊异。按《南史·豫章文献王传》，有颍川荀丕献王书，又与长史王秀、尚书令王俭书，与本传所载，辞意均同。"荀""苟"传写偶讹，"丕""平"音义无别，必为一人无疑。是本仅误其姓，而他本则姓名皆误矣。

梁　书

卷末疏语

曾巩序言："臣等校正其文字。"是卷末亦当有疏语，然行世各本皆无之。惟是本《本纪》第五末，有"元帝纪云召兵于湘州湘州刺史河东王誉　不遣遣世子方等帅众讨誉战所败死方等传云至麻溪军败溺死誉传云遣世子方等征之反为誉所败死疑纪缺误"六十三字；《传》第七末，有"终逌组而后值逌组疑"九字；第十五末，有"王金传属循垆作乱疑"九字；第三十三末，有"羊侃传并其兄默及三弟悦给元皆拜为刺史悦南史作忱未知孰是"二十七字。此惟见于宋本卷内，其元明递修各卷原本，有无不可考矣。

宋本多墨丁空格

是本墨丁、空格凡数十见。他本除有数处仍注"缺"字外，馀均补以适当之字。大都取材于《南史》。如《司马筠传》"二王在远诸子宜摄祭事"句，《南史》"诸子"作"世子"；《良吏传》篇首"故长吏之职号为亲民"句，《南史》"号为"作"号曰"。其为《南史》所未收者，亦各有所补。或循文义，或采事实，或取资于上下文。然《贺琛传》"权其事皆息费休民"句，汲古本皆下增"须"字；《萧洽传》"尚书■部郎"句，汲古本"部"字作"中"；《庾诜传》"该涉释教"句，汲古本"该"字作"诜"。此可见本书所缺之字，原有不同。余不敢谓监本、殿本所补全为臆造。眉山重刊所据诸本，当时收合补缀，文字庸有损蚀。主其事者，或于《南史》之外睹有别本。如上文所举互异之字，不能定其适从，故以墨丁空格代之，后人乃一一为之弥补。以视眉山原刊，殊有间矣。

避唐讳诸字

思廉论撰是书，成于贞观之世，因避唐讳，故改"丙"为"景"，改"虎"为"兽"与"武"，改"渊"为"深"，书中各数十见。明代重刻，乃复其初。钱竹汀以明人擅改本文，斥为不学。一若明以前本尽避唐讳者。然以宋刊各卷考之，则"纪"第二天监四年下，"丙午省凤凰衔书伎"，又"十月丙午北伐"，五年下，"夏四月丙申庐陵高昌之仁山获铜剑二"，六年下，"十二月丙辰尚书左仆射夏侯详卒"，《传》第十一《王珍国传》，"十二月丙寅旦珍国引稷于卫尉府"，以上"丙"字均不作"景"。又《纪》第五大宝三年下，"何必西瞻虎据乃建王宫"，《传》第五《张弘策传》，"虎据两州参分天下"，第八《任昉传》，"媲人伦于豺虎"，第十一《张齐传》，"天监二年还为虎贲中郎将"，第十四《陈伯之传》，"伯之子虎牙封示伯之"，又"遣信还都报虎牙兄弟虎牙等走盱眙"，又"与子虎牙及褚

绢俱入魏",又"虎牙为魏人所杀",第二十《萧琛传》,"琛乃
著虎皮靴策桃枝杖直造俭坐",第三十一《谢举传》,"徵士何
胤自虎丘山赴之",第三十四《许懋传》,"依白虎通云封者言
附广也",第四十七《孙谦传》,"先是郡多虎暴谦至绝迹及去
官之夜虎即害居民",以上"虎"字均不作"兽"与"武"。又
《传》第十四《刘季连传》,"太宰褚渊素善之",又"新城人帛
养逐遂宁太守谯希渊",又"子仲渊字钦回",又"送季连弟通
直郎子渊及季连二子使蜀",第十五《王志传》,"褚渊为司徒
引志为主簿渊谓僧虔曰",第二十二《夏侯亹传》,"刺史萧渊
明引为府长史渊明彭城战殁",又"渊明在州有四妾章于王阮
并有国色渊明没魏其妾并还京第",以上"渊"字均不作"深"。
此必非思廉原文。宋元刊本即已如是,其窜易不知始于何时,
固不能专责明人也。

王伟彭儁进土囊

　　《简文帝纪》:"既醉寝,王伟、彭儁进土囊。王修纂坐其上,
于是太宗崩。"监本、汲古本、殿本则云:"伟乃出,儁进土囊。"
与《南史》同,一似伟未亲行篡弑者。按《侯景传》:"郭元建
还自秦郡,谏景勿行弑逆,伟固执不从。"《南史·梁纪》八:
"景纳帝女溧阳公主。公主有美色,景惑之,妨于政事。王伟
每以为言,景以告主。主出恶言。伟知之,惧见谗,乃谋废帝
而后间主。苦劝行杀,以绝众心。"又《王伟传》亦云:"及行
篡逆,皆伟创谋。是行弑简文,实伟主之。"虽《侯景传》奉
酒于太宗者只彭儁、王修纂二人而无王伟,然《简文帝纪》则
云:"王伟等进觞于帝。"《南史》亦云:"王伟乃与彭儁、王修

篡进觞于帝,曰丞相以陛下幽忧既久,使臣上寿。"是则王伟明系共事之人,又何必于进土囊之前,独先离去乎?此事宋本云云,似可徵信。

宋本缺文

《陈伯之传》,"伯之乡人朱龙符为长流参军并乘伯之愚阇恣行奸险刑政通塞悉共专之伯之子虎牙"下,接"封示伯之",无"时为直阁将军高祖手疏龙符罪亲付虎牙虎牙"十九字。

《傅昭传》,"太原王延荐昭于丹阳尹袁粲深为所礼辟为郡主簿使诸子从昭"下,接"定其所制",无"受学会明帝崩粲造哀策文乃引昭"十四字。

《朱异传》,"异居权要三十余年善窥人主意曲能阿谀以承上旨故特被宠任历官自员外常侍至侍中"下,接"四职并驱卤簿",无"四官皆珥貂自右卫率至领军"十二字。

右三段所缺字句,宋本、汲古本同,监本、殿本有之,殆据《南史》增补。

陈　书

避陈讳及唐讳

高祖名霸先，世祖名蒨，宣帝名顼，其名书中皆避作讳字，唯废帝伯宗、后主叔宝均不避。其避唐讳者，"丙"作"景"，七十字；"虎"作"武"或作"兽"，各七字；"渊"作"深"，二字。然《记》第三天嘉五年下"周铁虎"，《记》第六祯明三年下"韩擒虎"，又《周铁虎本传》《陈慧纪传》《豫章王叔英传》《皇太子深传》《任忠传》《樊猛传》《鲁广达传》之"韩擒虎"，《徐陵传》之"萧渊明"，又均不避。钱大昕谓："思廉元文作'武'，作'虎'者，皆后来校书者所改。"所谓校书者，未知所指何人。然以上作"虎"作"渊"者，原版亦皆宋刻。何以有改有不改？是可见校刻之疏率，在宋本亦所不免。

卷末疏语

武英殿本书校刊官孙人龙跋，谓"古本既不可见。国子监所存旧版，讹舛殊甚，而巩等篇末所疏疑义，亦无一存。"按是本《纪》第一，存"典澈或本作曲澈前有典澈湖亦同皆疑"十六字；第三，存"天嘉三年高句骊王高汤或本作高阳"十五字；《传》第三，存"侯瑱传分搋荡顿芜湖洲尾或本作分顿疑吴明彻字通昭或本作通炤疑"二十九字；第十，存"刘师知传孔中庶诸通疑"十字；第二十八，存"江德操字德藻或本江德藻字德藻疑"十五字；第二十九，存"陈宝应传此皆明耻教战濡须鞠旅恐有误潼州刺史李睹或本作季腊或本作李睹疑"三十四字；第三十，存"始兴王传王飞禽除伏波将军或本作仗后将军疑"二十字。毛氏汲古阁初印本仅存《传》第二十八、第三十之二条。陆氏《仪顾堂题跋》述其所藏，亦尚缺《传》第二十九之一条。

大予太子

《宣帝纪》，"太建十一年十二月己巳，诏大予秘戏非会礼经乐府倡优不合雅正并可删改。"明监本、汲古阁本、殿本，"大予"均作"太子"，按《后汉书·明帝纪》，"永平三年秋八月戊辰。改大乐为大予乐"。注"尚书璇玑钤曰有帝汉出德洽作乐名予，故据璇玑钤改。汉官仪曰大予乐令一人秩六百石。"殿本《后汉书》亦均误作"太子"。又蜀大字本《梁书·武帝纪》，中兴三年正月，"高祖令掖庭备御妾之数大予绝郑卫之音"。汲古本、殿本又改"大予"作"大享"。是必原作"太子"，校者以其义不可通，遂加"亠"于"子"字之上，并易"太"为"大"以附合之。是此二字在宋刻之后，沿讹久矣。余近见宋白鹭洲书院刊《后汉书》《明帝纪》及《百官志》，"大予"二字均已作"太子"，然则此二字在宋刻亦已讹误矣。

哥　歌

《世祖纪》，"天嘉元年秋七月甲寅诏，使棫朴载哥由庚在咏；八月戊子诏，苕荛厌于胥吏哥钟列于管库。"《后主张贵妃传》，"选宫女有容色者以千百数令习而哥之。"《徐陵传》，"襄老蒙归虞哥引路。"《杜之伟传》，"时乐府无孔子颜子登哥词。""哥"即古"歌"字。宋刻犹多存古文，今本则皆改为"歌"矣。

钱氏考异可信

殿本《宣帝纪》，"太建五年五月己巳，石梁城降。"《考异》云："按上书徐櫰克石梁城，此又云石梁城降。复沓甚矣。《通鉴》作'瓦梁'，盖温公所见本不误。"是本正作"瓦梁"。又《衡阳献王昌传》，"寻与高祖俱往荆州。梁元帝除员外散骑常侍。荆州陷，又与高祖俱迁关右。"《考异》云："二'高祖'字当作'高宗'。"是本正作"高宗"。《裴忌传》"委忌总知中外城防诸军事。及皎降，高祖即位。"按下文为太建元年，此"高祖"二字亦当作"高宗"，《考异》未指出。惟《高祖纪》永定二年下，"北徐州刺史唱义之初，首为此职。"《考异》谓："校书者不知昌义之为人姓名，妄于'昌'旁加'口'，又增一'初'字，浅陋可笑。"是本亦误。

时本误补墨丁

《衡阳王伯信传》，"祯明三年，隋军济江与临汝侯方庆并为■衡州刺史王勇所害。"汲古本、殿本墨丁俱作"西"字。按《方庆传》，"隋师济江，衡州刺史王勇遣高州刺史戴智烈将五百骑迎方庆。"仅曰"衡州刺史"，并不冠以"西"字，且下文是时为西衡州刺史者，实为衡阳王伯信。是补墨丁为"西"者，误也。又《萧济传》，"太建初，入为五兵尚书。与左仆射徐陵、特进周弘正、度支尚书王■、散骑常侍袁宪，俱侍东宫"。汲古本、殿本墨丁俱作"瑒"字。按《王瑒传》，"瑒于太建元年迁度支尚书"。无侍东宫之事。其侍东宫，在世祖嗣位之日，其官则散骑常侍领太子庶子也。疑此度支尚书王某，别为一人。其补墨丁为瑒者，误也。

魏　书

宋本久湮

　　冯梦祯《万历重雕〈魏书〉序》谓："南监所藏唐以前诸史，独此书刓敝甚，议更新之。苦无善本校雠。鲁鱼帝虎，不能尽刊。断篇脱字，所在而有。"孙人龙校刊乾隆殿本后跋，亦云："明所刻二十一史中，此书又最为刓敝。今欲摘谬辨讹，不留遗憾，此实难矣。"据此则万历、乾隆覆刊之时，均不获见宋刻矣。

华阳叶氏藏宋本

　　光绪中，华阳叶氏尝得宋刻。长沙王先谦约在京同官十人，以汲古阁本分任雠校。有《校勘记》刊于广雅书局。余取勘一过。有叶本已见讹夺，而是本尚完好无缺者。如《世祖纪》始光元年下，"是刘义符为其臣徐羡之等所废杀。"王校："'是'下脱'年'字。"是本不脱。《卢渊传》"传业累世有能名。"王校："'世'下当重一'世'字。"是本正重一"世"字。《尉元传》"陛兹父事仪我万方。"王校："'陛'字宋本作'涉'，不误。"

是本作"陟",不作"涉"。《程骏传》"文成践阼拜著作佐郎"。王校:"'文成'作'高祖'。"是本作"高宗",不误"高祖"。其他异同,亦尚不少。王氏所校凡八百余条,全卷未举一字者及十卷。盖叶氏得是书时,将由京之粤东,不能久假。诸人匆遽校读,故未能详尽也。

卷末疏语

是书疏语,监本、汲古本大都具存。殿本均改作考证,然亦不全采。独《帝纪》三卷末二条,凡三百九十一字,为监本、殿本所不载,即汲古本亦仅存前后六行,凡九十七字,其间尚有二百九十四字全缺。今录其全文如下:

魏收书《太宗纪》亡,史馆旧本《帝纪》第三卷上有白签云:"此卷是魏澹史。"案《隋书·魏澹传》,澹之义例多与魏收不同,其一曰"讳皇帝名,书太子字",四曰"诸国君皆书曰'卒'。"今此卷书"封皇子焘为泰平王。"焘字佛厘。姚兴、李暠、司马德宗、刘裕皆书"卒",故疑为澹史。又案《北史》《高氏小史》《修文殿御览·皇王部》皆钞略魏收书,其间事及日有此纪所不载者。《北史·本纪》逐卷后论,全用魏收史臣语,而微加增损。惟论明元即与此纪史臣语全不同,故知非魏收史明矣。《崇文总目》有"魏澹《书》一卷,今亦亡矣"。岂此篇乎?

泰常七年四月,封皇子焘为泰平王。五月诏皇太子临朝听政,是月泰平王摄政,重复不成文。其年九月、十月，再书"泰平王"，明年五月、七月，再书"皇太子"。前后乖戾。今据此《纪》，无立泰平王为皇太子事。《世祖纪》云："四月封泰平王，五月为监国。"亦不言曾立为皇太子。此《纪》初诏听政，便云皇太子，后更称泰平王。惟《北史》"泰常七年五月立泰平王焘为皇太子，临朝听政。"《小史》《御览》亦无立皇太子事，而自临朝听政后，悉称皇太子。彼盖出魏收史，故与此不同。《隋书》称魏澹《书》甚简要，不应如此重复乖戾。疑此卷虽存，亦残缺脱误。

宋本缺文较少

《太宗纪》，"泰常八年九月，刘义符颍川太守李元德窃入许昌诏周几击之元德遁"下，各本缺三字。是本有"走几平"三字。《显祖纪》，"天安元年秋七月"下，缺二字。是本有"辛亥"二字。《陆丽传》，"至于奉迎守顺臣"下，缺二字。是本有"职之"二字。《陆叡传》，"各赐衣物有差"下，缺二字。是本有"高祖"二字，而"有差"二字作"布帛"。又"亲幸城北训誓群帅除尚书令卫将军"下，缺一字。是本有"叡"字。又"陆叡元不早"下，缺五字。是本有"蒙宠禄位极"五字。而上文"元不"二字，是本作"元丕"；下文"大臣"二字，是本作"人臣"。《吕罗汉传》，"故内委群司外任"下，缺四字。汲古本不缺。是本有"方牧正是"四字。《天象志》四"肃宗正光三年"注"辛亥又晕之占曰"下，缺二字。是本有字，细辨可认为"饥旱"也。

殿本考证有误

《天象志》二，太和四年正月第二节，"缺犯心"。《考证》云："所缺之字，南监本作'戊午月'。当亦误也。系何月戊午耶？或此'犯心'二字重出。"云云。是本"戊午月"下，尚有"又"字。前节"丁巳月犯心"，戊午为丁巳后一日，此承上文而言，故曰"又犯心"。南监本脱"又"字。《考证》凭空揣测，愈推愈远矣。又《地形志》二，"扬州边城郡领县二"。"期思"注"郡治有九口宋本有残形'ㅋ'山丰城"。《考证》云："召南按此指丰城言与期思并属边城郡，监本误刊'丰城'二小字于期思注下，则边城郡少一县矣。今改正。"云云。是本"期思"注"丰城"二小字下，别有"新息"二大字，与期思同为边城之县。丰城为期思所属之城，并非县名。召南不见是本，故致误改。

宋本亦有缺误

《广平王怀传》，"广平王怀"下，旁注"缺"字，下接有"魏诸王"，云云。所缺之字，未详其数。核其文义，数当不少。《乐志》刘芳上言，"先王所以教化黎元汤武所"以下，是本缺第十二全页，与其他各本同。又《夏侯道迁传》，中有错简，在第二十四、五两页中。汲古本注"此传宋刻前后颠倒，案北雍本改正。"此之错简，并不在每页起讫，未知何以致误？王氏校记亦未指出。

司马进司马逊

《司马休之传》，"晋宣帝季弟谯王进之后也"，汲古本注："'进'作'逊'。"下文"司马叡僭立江南，又以进子孙袭封。"是本两"进"字均作"逊"。按《晋书·谯刚王逊传》，"宣帝弟魏中郎进之子也。"此云"宣帝弟"，则当是进而非逊。然封谯王者，据《晋书》，实逊而非进。且宣帝兄弟八人，进居第六，亦不当云季弟。本传追叙休之家世，逊为始封之祖，自当称逊而不称进。若然则"进"字误而"宣帝季弟"四字亦误。

九磬九聲（声）

《乐志》，"九德之歌，九磬之舞，奏之九变，人鬼可得而礼矣。"各本"九磬"均作"九聲（声）"。按前数语，见《周礼·春官大司乐》，实作"磬"，不作"聲"。各本作"聲"者，形误也。

北齐书

卷末疏语

　　《帝纪》三末，有"臣等详文襄纪其首与北史同而末多出于东魏孝静纪其间与侯景往复书见梁书景传其所序列尤无伦次盖杂取之以成此书非正史也"五十五字，各本俱存。惟《纪》第五、第七、第八，《传》第二、第三、第四、第六、第七、第二十五、第二十六、第二十七、第三十卷末均各有"此卷与北史同"六字。《传》第二十，有"此卷牵合北史而成"八字；第二十一，有"此卷虽非北史而无论赞疑尚非正史"十五字；第二十九，有"此传与北史同但不序世家又无论赞疑非正史"十九字。独见于是本，其他各本均不载。钱氏《廿二史考异》、陆氏《仪顾堂题跋》所记，亦未全也。钱氏谓："《帝纪》三所存一条，为嘉祐校刊诸臣所记，馀或为明人所题。"陆氏定为"均出宋臣之手。钱氏未见蜀大字本，故误。"其说是也。

汲古本缺页

《文宣纪》第三十一页，起"乘驼驼牛驴"，讫"唯数饮酒曲蘖"，凡三百二十四字，汲古本全脱。又《李绘传》第三页第一行第三字起"通急就章内外异之"，讫"与梁人泛言氏族袁狎曰"，凡三百二十一字，汲古本既全脱，且以《高隆之传》第五页，除首三字外，馀均插入其间。文义全不贯串，校刻亦太粗率矣。

时本多讹字

眉山七史，此为最逊。讹文脱句，不一而足。然亦殊有胜于时本者。汲古本雠校较精，尚有不逮。监本、殿本，更无论矣。

《文宣纪》，"天保九年十一月丁酉，大赦内外文武普泛一大阶。"按《废帝纪》，"天保十年十一月太子即位"，《武成纪》，"河清元年正月立纬为太子"。其下均有内外百官普加泛级之文。盖"普泛"为当时法令习语，监本、殿本易为"并进"，殊嫌臆造。

《斛律金传》，"女若有宠，诸贵妒人，女若无宠，天子嫌人。"措词何等隽永。监本、殿本易"妒人"为"人妒"，"嫌人"为"嫌之"，辞气殊直率矣。

《慕容绍宗传》，"吾欲因百官出迎仍悉诛之谓可尔不"。此"尔"朱荣称兵入洛，欲诛百官，私告绍宗之言，意谓可否如是也。汲古本、监本、殿本乃作"尔"谓"可不",亦失语趣。

《崔暹传》,"暹喜跃奏为司徒中郎,时暹欲夸耀其子达挐,令升座讲《周易》,屈服朝贵,宠之以官。""喜跃"者,极言其喜之甚也。监本、殿本乃易"跃"为"擢"。形容既未曲尽,即"擢"字无差,而"擢奏"亦嫌倒置。

《杨愔传》,"其开府封王诸叨窃恩荣者",汲古本、监本、殿本乃作"开封王",无"府"字,一似上文常山王、长广王之外,又增一王。

《元文遥传》,"诏特赐姓高氏,籍隶宗正,弟依例岁时入朝"。汲古本、监本、殿本乃易"弟"为"子弟"二字,以"宗正子弟"为句。语已不文。且文遥为孝昭顾命之臣,武成即位,任遇益隆,赐姓高氏,正所以优礼老臣,岂有视如子弟之理?又"文遥自邺迁洛,惟有地十顷,家贫,所资衣食而已"。监本、殿本乃削去"而已"二字,语意亦欠完足。

《崔季舒传》,"庶子长君,尚书右丞兵部郎中,次镜玄,著作佐郎,并流于远恶"。盖兄弟二人同时流放于远方恶地也。监本、殿本乃作"并流于长城",是反令其兄弟同居一地,殊失窜逐之意。

《卢潜传》,"特赦潜以为岳行台郎中"。时潜方坐讥议《魏书》,与王松年、李庶等俱被禁止,今将起用,故先赦之。监本、殿本乃易"赦"为"敕",与上文文义不贯。

《阳休之传》,"齐受禅,除散骑常侍修起居注,顷之,坐诏书脱误,左迁骁骑将军。"按《魏书·官氏志》，"散骑常侍从第三品，骁骑将军第四品"。故云"左迁"。汲古本、监本、殿本乃易"骁骑"为"骠骑"。骠骑将军第二品，与事实全反。

《孟业传》，"刘仁之谓吏部崔暹曰：'贵州人士，唯有孟业，宜铨举之。他人不可信也。'"监本、殿本后二句作"铨举之次不可忘也"。仁之于业，推举甚殷。故语暹亦极专挚。他本云云，乖其旨矣。

《宋游道传》，"临丧必哀，躬亲襄事"。监本、殿本"襄"作"丧"。上文既言"临丧"矣，又何必重言"躬亲丧事"乎？

因刊误而愈误

余闻人言，旧本诸史讹字较殿本为多。按殿本从监本出。明人刻书，每喜窜易，遇旧本不可解者，即臆改之，使其文从字顺。然以言行文则可，以言读书则不可。即以是书言之，如：

《王琳传》，"兵士透水死十二三"，"透水"殿本作"投水"。"透""投"二字，南北诸史往往通用，王西庄备举其例，不知者必以"透"为非矣。

《萧放传》，"慈乌来集，各据一树为巢，每临时舒翅悲鸣，全似哀泣，家人则之。""则"字不可解，殿本易作"伺"字，意自了然。然乌知"则"非"测"之讹乎？

《徐之才传》，"郡廨遭火，之才起望，夜中不著衣，被红服帕出，庚映光为昂所见。""庚"字殿本作"户"，诚极明了。然余窃疑上句断自"出"字,"庚"或原作"户火",误并为"庚"。解为户外之火,其光反映,似亦可通。

《魏收传》,"文襄曰:'魏收恃才无宜适,须出其短'。"殿本作"魏收恃才使气,卿须出其短。"语意固较明显,然"无宜适"云云,亦何尝不可索解,特措词稍隐峭耳。

《李稚廉传》,"并州王者之基,须好长史,各举所知,时乇有所称。"三朝本"乇"已讹"牙"。余校诸史,凡遇"乇"字,误者什九。明监刊版时,校者疑"牙"误脱半字,遂改为"雅"。殿本仍之。庸知实非半字之夺,而仅为一笔之讹。

《樊逊传》,"秦穆有道,勾甚锡手"。殿本作"勾芒锡祥"。"甚""芒"形近,"锡祥"与下文"降祸"对举,义亦允洽,纠正诚当。然"手"字究从何来?盖"羊"古通"祥",因"羊"而转为"手",则何如易"手"为"羊"之得反其原乎?

《颜之推传》,"牵痾痾而就路",自注"时患脚气"。殿本作"病痕"。"痾痾"二字,诚鲜叠用。然瘏瘏痩痩,见于《尔雅》,安知彼时无此二字叠用之古语乎?又"款一相之故人",自注"故人祖仆射掌玑"玑"当作"机"密土纳帝令也"。"土纳"殿本作"吐纳",似矣。然《尚书·舜典》"龙作纳言凤夜出纳朕命","土""出"形似,故知"土"实"出"讹,而非"吐"讹。

《宋游道传》,"游道从至晋阳,以为大行台。吏部又以为太原公开府谘议，及平阳公为中尉，游道以议领书侍御史"。此"以议领书"四字，必有脱误。殿本作"游道以为太原侍御史。"骤读之似甚顺，不知侍御史非外职，不当冠以地名，改者见上文有"太原公"之称，以为其官必隶公府，但前后不接，更增一"为"字以联之。于是遂似游道别举一人以充斯职，是则文义更不可通矣。《魏官氏志》有开府谘议参军，有治书侍御史，品秩相等。时游道正官太原公开府谘议。汲古本亦有"谘"字。窃谓原文"议"上夺"谘"字，"领"下夺"治"字，当作"游道以谘议领治书侍御史"，似较殿本所改为适。

《高阿那肱传》，"安吐根曰一把子贼刺取郎者汾河中"。"郎者"二字，殿本作"掷取"，汲古本作"一掷"。"郎""掷"形似，故易推测。"者"字无可比拟，毛氏去之，代以"一"字。殿本且并删之。然"郎"可改"掷"，"者"何不可改"诸"？且"掷诸汾河"，语意似更完满。

此不过就文字言之，而原文究为何语，则不可知。总之不宜臆改也。

与北史互有异同

殿本《祖珽传》，"珽性疏率，不能廉慎。守道仓曹，虽云州局，及受山东课输，由此大有受纳，丰于财产。又自解弹琵琶，能为新曲。招城市年少，歌舞为娱。游集诸倡家，与陈元康、穆子容、任胄、元士亮等为声色之游。诸人尝就珽宿，出山东大文绫并连珠孔雀罗等百馀匹，令诸妪掷樗蒲赌之，以为戏乐。"是本"虽云州局"句下，其文为"乃受山东课输大文绫并连珠孔雀罗等百馀匹，令诸妪掷樗蒲，调新曲，招城市年少歌舞为娱，游诸倡家，与陈元康、穆子容、任胄、元士亮等为声色之游。"云云。又殿本"文宣作相，珽拟补令史十馀人，皆有受纳。而谘取教判，并盗官遍略一部，时又际珽秘书丞兼中书舍人还邺，其事皆发。"是本"皆有受纳"句下，其文为"据法处绞。上寻舍之，又盗官遍略一部，事发。"以上二节，比类观之，文字繁简不同，而事实亦异。然核其所言，于彼于此均可通。殿本云云，全出《北史》。按本卷并无同于《北史》之疏语，且汲古刊本，词句全与此同。汲古源出宋刻，是在宋时原有此异于《北史》之本。意者明代覆刊之时，所据之本，已有残佚。故取《北史》以补之，而殿本遂仍之耳。

传次互异

《传》第二十《元孝友传》之次，为元晖业。又次，为元弼。弼为父，晖业为子。子不当先父。殿本从而易之，似也。然晖业与孝友同时被害。孝友传后，继以晖业。史以纪事，连类而及，例亦恒有。且殿本目录，亦先晖业而后弼。疑原本与宋刻同，而后始窜易之耳。

睦眭之辨

《传》第三十七有《睦豫传》。钱氏《廿二史考异》曰："《广

韵》'睦'字下不云'又姓',它书亦未见睦姓者。然诸本皆从
'目'旁。"云云。按本传:"睦豫,赵郡高邑人。"本书《崔暹
传》:"赵郡睦仲让阳屈之。"《魏收传》:"房延祐、辛元植、睦
仲让虽夙涉朝位,并非史才。"《北史》此二传,"睦仲让"均
作"眭仲让"。又《魏书·逸士传》,有眭夸者,亦赵郡高邑人。
又《慕容宝传》,有中书令眭邃,汲古本亦误作"睦",而监本
则作"眭"。由此推之,眭氏必为赵郡巨族,且当时人物亦甚
盛。窃疑"睦豫"当为"眭豫"之讹,犹幸尚从"目"旁,未改为
"陆"。使非然者,恐钱氏亦无从致疑矣。

殿本增补字句据北史

殿本《北齐书》姚範后跋:"屡经刊本舛错,或妄有增损
泪乱于其间者,今并考校,正其句字。其非本书而较然可知为
后人之补缀者,亦疏之每卷之末。盖古书之存者鲜矣。其幸而
传者,亦非当日之旧。"云云。按本书《考证》,多采《通鉴》
《北史》《魏书》及他书。字句之改订者当不少。今摘其旧本所
无而殿本所有者数条如下:

　　《文宣纪》,"太后及左右大惊而不敢言。鳞身重
　　踝,不好戏弄。"殿本"不敢言"下,有"及长黑色
　　大颊兑下"八字。监本同。
　　《王纮传》,"基先于葛荣军,与周文帝据有关中。"
　　殿本"周文帝"下,有"相知及文帝"五字。监本同。
　　《薛琡传》,"不如分为六军,相继而进。前军若胜,
　　后军合力,前军承之。"殿本"后军合力"下,有"前

军若败"四字。其下"前军"作"后军"。监本同。

《元孝友传》，"设令人强志广娶，则家道离索，身事迍邅。内外亲知，共相嗤怪。凡今姑姊逢迎，必相劝以妒忌。"殿本"凡今"下，有"之人通无准节父母嫁女则教以妒"十四字。其下"必相劝以妒忌"句，无"妒"字。监本、汲古本及《魏书》均同。夫妒非美德。闺中儿女，容或有此戏谑之言。若父母以此训女，殊乖情理。似当以旧本为胜。

《李绘传》，"郡境旧有猛兽，民常患之。绘欲修槛，遂因斗死，咸以为化感所致。皆请申上，绘不听。"殿本"皆请申上绘"下，有"曰猛兽因斗而毙自是偶然贪此为功人将窥我竟"二十字。又《传》末"以此久而屈沈卒"，殿本下有"赠南青州刺史谥曰景"九字。监本同。

《崔暹传》，"世宗欲假暹威势，诸公在坐，令暹高视徐步两人擎裾而入。"殿本"令暹"下，有"后通名因遇以殊礼暹乃"十字。监本同。

《王昕传》，"郑子默私谓昕曰，自古无朝士作奴，子默遂以昕言启显祖。"殿本"无朝士作奴"下，有"昕曰箕子为之奴何言无也"十一字。监本同。按此十一字却不可少。

《昕弟晞传》，"乾明元年八月，昭帝践阼，诏晞曰，何为自同外客，略不可见。"殿本"昭帝践阼"下，有"九月除晞散骑常侍仍领兼吏部郎中后因奏事罢帝从容曰比日"二十六字。监本、汲古本同。

《郑颐传》，"乾明初，拜散骑常侍。二人权势之重，与愔相埒。"殿本下有"愔见害之时邢子才流涕曰杨令君虽其人死日恨不得一佳伴颐后与愔同诏进赠殿中尚书广州刺史颐弟抗字子信颇有文学武平末兼左右郎中待诏文林馆"六十四字。监本、汲古本同。按此原文语气，却似未完。

《宋游道传》，"时将还邺，会霖雨，行旅拥于河桥。游道于幕下朝夕宴歌。行者曰，何时节作此声也。固大痴。"殿本"固大痴"下，有"游道应曰何时节而不作此声也亦大痴"十六字。又"游道每戒其子屯蹇，性自如此，子孙不足以师之。诸子奉父言，柔和谦逊。士素沈密少言，有才识，中书黄门侍郎。"殿本"每戒其子"下，有"士素士约士慎等曰吾执法太刚数遭"十五字。又"有才识"下，有"稍迁中书舍人赵彦深引入内省参典机密历"十八字。监本、汲古本同。

《尔朱文畅传》，"平秦王有七百里马，文略敌以好婢。赌而取之。明日平秦使文略弹琵琶，吹横笛，谣咏，倦极，使卧唱挽歌。"殿本"明日平秦"下，有"致请文略杀马及婢以二银器盛婢头马肉而遗之平秦王诉之于文宣系于京畿狱"三十三字。其下"使文略弹琵琶"句，无"使"字。监本、汲古本同。

下列各条，殿本所增补者均出于《北史》。其中仅有二条，原文却有脱漏，固以增补为宜。余则非所必需矣。

周　书

避周讳及唐讳

《文帝纪》，"魏恭帝元年四月，诏封太祖子讳为辅城公。""讳"者"邕"字，武帝讳也。《孝闵帝纪》，"以大将军宁都公讳"，"讳"者"毓"字，明帝讳也。《武帝李皇后传》，"天元皇帝臣讳奉玺绶册"，"讳"者"赟"字，宣帝讳也。《柳庆传》，"宇文讳忠诚奋发"，"讳"者"泰"字。《苏绰传》，"柱国讳泊群公列将，罔不来朝"，又"柱国讳泊庶僚百辟，拜手稽首"，此二"讳"字，各本俱作"虎"。殿本《考证》据《北史》定为"泰"字，文帝讳也。又《武帝纪》，"建德二年六月壬子，皇孙行生，此为静帝。其讳曰衍。"以上例推之，此当作"皇孙讳生"。乃不作此语，而易为为字不成之"行"字，一似后世之缺笔者。自乱其例，殊不可解。

《文帝纪》，"魏永熙三年十一月，遣仪同李讳与李弼、赵贵等讨曹纮于灵州。讳引河灌之。"又"魏大统四年八月，开府李讳念贤等为后军。遇信等退，即与俱还。"又"及李讳等至长安，计无所出。""讳"者皆"虎"字，唐高祖之祖讳也。《武帝纪》，"保定四年九月，封开府李讳为唐国公。"又"天和六年五月,以大将军唐国公李讳。"此二"讳"字,各本俱作"虎"。殿本《考证》定为"昞"字。不误。唐高祖之父讳也。

卷末疏语

眉山七史唯《周书》最罕见,存者皆三朝本。涵芬楼独藏其二。且宋刊之页,尚存什之七八,已毁于兵火。余友潘博山以此见假。元明补版,多于涵芬藏本。版心虽已剜去,一望可识。然以余所见,此亦其亚已。卷末疏语,仅《传》第二十四存"右此卷内申徽陆通柳敏唐瑾传全与北史同"十八字,第二十五存"右此卷内杨荐王庆传全与北史同"十四字。疑不仅此二条,然无可考矣。

缺文可补

《贺兰祥传》,"祥有七子,敬、让、璨、师、宽,知名。敬,少历显职,封化隆县侯,后袭爵凉国公,位至柱国大将军华州刺史。让,大将军鄜州刺史河东郡公。璨,开府仪同三司宣阳公。"各本此下,接"隋文帝与祥有旧,开皇初,追赠上柱国。"上文历举祥子五人之名,乃仅及敬、让、璨三人,而师、宽未及,戛然而止。明清覆刊,校者俱不之觉。今睹是本,乃知"宣阳县公"下,尚有六十六字。其文曰:"建德五年,从高祖于并州。战殁,赠上大将军,追封清都郡公。师,尚世宗女,位至上仪同大将军幽州刺史博陵郡公。宽,开府仪同大将军武始郡公。祥弟隆,大将军襄乐县公。"云云。历举师、宽二人官职,与上文相应,文义乃完。其他增出之字尚多,兹不缕举。

大皇后非太皇后

《宣帝纪》，"大象二年二月癸未，立天元皇后杨氏为天元大皇后，天皇后朱氏为天大皇后，天右皇后元氏为天右大皇后。"三大皇后，殿本均作"太皇后"。按宣帝即位，当宣政元年闰月，即立妃杨氏为皇后。大象元年四月，又立妃朱氏为天元帝后。七月，又改天元帝后朱氏为天皇后，立妃元氏为天右皇后。又《列传》，"宣帝杨皇后，隋文帝长女；朱皇后，静帝之母；元皇后，开府晟之第二女。"是可知三氏皆宣帝之皇后。各加一"大"字者，隆以尊称而已。殿本称"太皇后"，实误。

禆窟禅窟

《皇甫遐传》，"遐性纯至，少丧父，事母以孝闻。保定末，又遭母丧，乃庐于墓侧，负土为坟。后于墓南作一禆窟。"又云"禆窟重台两匝，总成十有二室。"按两"禆"字，当从"衣"旁。训附训小，盖遐于其母墓侧，穿一窟室，取土培墓，己即处于窟中，冀朝夕不离其母。是本从"礻"旁实误，而殿本均改为"禅窟"。按之本传，绝无于彼习佛参禅之意。盖"禆""禅"形近，遂因而致误耳。

龟兹国传讹字

《龟兹国传》，"赋税准地山之天田者则税银钱"句，语不可解。各本乃易"山之天田"四字为"徵租无田"。又"婚姻丧葬风俗物产与治封天白"句，亦必有误。各本乃易"治封天白"

四字为"焉耆略同",固文从而字顺矣。然原本何以有此讹误,实莫测其由来。王安国等校上是书时,当必附有疏语。而今无存者,或失之耳。

明补本多讹字

涵芬藏本未毁时,余尝用校各本,其《校记》尚存。《宣帝纪》大象二年下,"每召侍臣谕议,唯欲兴造变革。"是本"谕议"作"论议"。《李檦传》,"四年卒于镇,赠恒朔等五州刺史。"是本无"赠"字。《王罴传》,"讨平诸贼,还授右将军西河内史。"是本"讨平"作"许平"。《卢辩传》,"性强记默识,能断大事。"是本"默识"作"默契"。《史宁传》,"宁随胜奔梁,梁武帝引宁至香磴前。"是本"香磴"作"香蹬"。《窦炽传》,"莅职数年,政号清净。"是本"清净"作"清静"。《陆通传》,"通从若干惠战于邙山,众军皆退。"是本"邙"作"芒"。《元定传》,"先是生羌据险不宾者,至是并出山谷从征赋焉。"是本"生羌"作"主羌"。《司马裔传》,"天和初,信州蛮酋冉令贤等反,连结二千馀里。"是本"冉"作"舟"。《裴果传》,"子明弟子陵,司右中士帅都督凉州别驾。"是本无"士"字。《辛昂传》,"于是遂募开通二州,得三千人,倍道兼行。"是本"开通"作"通开"。《庾信传》,"才子并命,俱非百年。"是本"非"作"飞"。又"硎阱摺拉,鹰鹯批攒。"是本"硎"作"州"。《扶猛传》,"猛率其众,据险为堡,时遣使微通饷馈而已。"是本"微通"作"徵通"。以上讹字,均见是本明补之页。聊记于此,以证旧本之可贵。

隋 书

元大德九路刊本

明黄佐《南廱志》："元江东建康道肃政廉访使以《十七史》艰得善本，从太平路学官之请，遍牒九路，令本路以两《汉书》率先，诸路咸取而式之。"按《元史》，建康道所辖九路：一，宁国；二，徽州；三，饶州；四，集庆；五，太平；六，池州；七，信州；八，广德；其九为铅山州，不称路，然直隶行省，与路同。是本版心有"尧学路学番泮浮学乐平锦江初庵"等字。尧、番为饶、鄱之省文，尧学路学即饶州路学，番泮即鄱阳县学，浮学、乐平即浮梁、乐平二州学。盖某路承刊某史，又与其所属州县分任之。至锦江、初庵，皆书院名。锦江在安仁县，为宋倪玠讲学之所；初庵在德兴县，为邑人傅立号初庵者所设。元制书院设山长，亦为朝廷命官，故与州县学同任刊刻之役也。

监本讹字

殿本是书据宋刻校勘，故讹脱视他史为少。然校刊官张

映斗识语谓 :"宋本残缺，乃以监本为底本。"故有时不免为监本所误。其地名如 :

> 《高祖纪》下，"开皇十年六月癸亥，以淅州刺史元胄为灵州总管。"监本"淅州"作"浙江"。本书《地理志》下，"馀杭郡"，注"平陈置杭州"。当时并无"淅州"之名。至浙江则至明洪武时始有之。而《地理志》中，有"淅阳郡"，注"西魏置淅州，隋初未改郡，当仍其称。"此"浙"字必"淅"字之讹。殿本亦沿作"浙"。
>
> 《地理志》上，"西城郡统县黄土"，注"西魏置淯阳郡，后周改郡，置县曰黄土。"监本"淯阳"作"涓阳"。本书《地理志》中，"淯阳郡"，注"西魏置蒙州，仁寿中改曰淯州。"《寰宇记》，"淯水在废淯阳县西一百步，自商州上津县来，东流注于汉。"是淯阳实以淯水得名，"涓"字实"淯"之讹。殿本亦沿作"涓"。
>
> 《张曅传》，"河间鄚人也"。监本"鄚"作"鄭（郑）"。本书《地理志》中，河间郡统县十三，有鄚县。隋有鄭州，属荥阳郡 ；有鄭县，属京兆郡。去河间均甚远。《旧唐书・地理志》，"河北道莫州，本瀛州之鄚县。开元十三年，以'鄚'字类'鄭'字，改为'莫'。"是"鄚"之讹"鄭"，由来已久。殿本亦沿作"鄭"。
>
> 《李密传》，"王世充引兵来与密决战，密留王伯当守金墉，自引精兵就偃师，北阻邙山以待之。"《旧唐书》纪此事，亦作"邙山"。监本"邙山"作"邛山"。

《元和郡县志》，"北邙山在偃师县北二里。"此云"就偃师"，必为邙山无疑。监本作"邝"者，误于形似也。殿本亦沿作"邝"。

其人名如：

《律历志》中，张宾改历，刘孝孙等驳言其失，谓："《汉书》武帝太初元年丁丑岁，落下闳等考定太初历。"又《天文志·浑天仪》篇，"落下闳为汉孝武帝于地中转浑天定时节。"监本"落下"均作"洛下"。《汉书·律历志》，"武帝元封七年，议造汉历，募治历者。方士唐都、巴郡落下闳与焉。"是"洛下"误也。殿本亦沿作"洛下"。

《王充传》，"有道士桓法嗣者，自言解图谶。"监本"桓"作"相"。《北史》、两《唐书》《世充传》纪此事，均作"桓法嗣"，不作"相法嗣"。盖"桓"为宋讳避缺末笔，元本亦往往沿之。监本作"相"，盖误认也。殿本亦沿作"相"。

其官名如：

《礼仪志》六，纪文武冠服，《尚书都令史》节，"谒都水令史"，监本作"谒都令史"。按"谒"为"谒者台"，"都水"为"都水台"，"令史"为二台属官，且上文有"尚书都令史"。谒者位卑，不当有都令史，必为"都水"无疑。监本既脱，殿本亦沿之。

《史祥传》，"进位上开府，寻拜蕲州总管。未几，征拜左领左右将军。"监本作"左领军右将军"。本书《百官志》，"左右领左右府，各大将军一人，将军二人。"曰"各一人、二人"者，必有左领或右领左右大将军、将军矣。且《独孤陁传》亦有"拜上开府右领左右将军"之语。此可证"左领左右将军"实有其官。监本疑叠见"左"字有讹，故削其一。殿本亦沿之。

《裴矩传》，"祖他魏都官尚书"，监本作"郡官尚书"。《魏书·官氏志》有列曹尚书，都官为列曹之一。《魏书》《北史》本传虽不言其曾官此职，然若以"郡"上属"魏"字，"官"下属"尚书"字为句，则更不成词，且魏官名无独用"尚书"二字者。监本失于前，殿本踵于后，误也。

特勤特勒

此二字聚讼纷纭，历久不决。

宋司马光《资治通鉴考异》，"突厥子弟，谓之'特勒'。诸书或作'特勤'。今从刘昫《旧唐书》及宋祁《新唐书》。"

元耶律铸《双溪醉隐集》自注："和林城，苾伽可汗之故地也。岁乙未，圣朝太宗皇帝城此，起万安宫。城西北，有苾伽可汗宫城遗址；城东北，有唐明皇开元壬申御制御书《缺特勤碑》。缺特勤，骨咄禄可汗之子，苾伽可汗之弟也，名缺。可汗之子弟，谓之'特勤'。其碑额及碑文'特勤'，皆是'殷勤'之'勤'字。唐新旧史，凡书'特勤'，皆作'衔勒'之'勒'字。误也。诸突厥部之遗俗，犹呼可汗之子为'特勤''特谨'字也，则与碑文符矣。"

　　清顾炎武《金石文字记》,"《凉国公契苾明碑》,娄师德撰,殷元祚正书。此碑立于先天元年十二月,其中'特勤'字再见,皆'特勒'之讹。按《北史·突厥传》,'大官有叶护,次特勒。'《唐书·按此为《旧唐书》突厥传》,'可汗者,犹古之单于。其子弟谓之特勒。'《回纥传》,'依托高车,臣属特厥,近谓之特勒,无君长。'《契苾何力传》,'父葛,隋大业中继为莫贺咄特勒。'《隋书·高祖纪》,'突厥雍虞闾可汗,遣其特勒来朝。'《李崇传》,'突厥遣使谓崇曰,若来降者,封为特勒。'史传中称'特勒'者甚多,此乃作'特勤',又柳公权《神策军碑》,亦云'大特勤嗢没斯'。此皆书者之误。"

　　毕沅《关中金石记》,"《凉国契苾明碑》,'唐时单于称可汗,其次谓之特勤。'柳公权《神策军碑》所谓'大特勤嗢没斯'者,是也。又或作'勅勤',亦谓之'特勒'。今此作'勤',与柳书同。字形相近,必有一误。按《北魏书》有'宿勤明达',《北史》作'宿勒',其误与此同。"

　　钱大昕《十驾斋养新录》,"《实厥传》,'可汗者,犹古之单于,其子弟谓之特勒'。顾氏《金石文字记》历引史传中称'特勒'者甚多,而凉国公《契苾明碑》'特勤'字再见。又柳公权《神策军碑》,亦云'大特勤嗢没斯',皆书者之误。予谓外国语言,华人鲜通其义。史文转写,或失其真。唯石刻出于当时真迹,况《契苾明碑》,宰相娄师德所撰,柳公权亦奉敕书,断无讹舛。当据碑以订史之误,未可轻訾议也。"

宗室盛昱《缺特勤碑记》："右碑在三音诺颜之哲里梦。伯愚表弟访拓寄余，此元耶律文忠后第一拓本也。缺特勤建碑事，载新旧《唐书·突厥传》。缺特勤以开元十九年卒。三月，明皇诏金吾将军张志逸、都官郎中吕向赍玺书吊祭，并为立碑。上自为碑文。仍立祠庙，刻石为象。四壁画其战阵之状。特以高手六人往。今碑云：'开元二十年七月七日建。'盖市石察书，非蕃人所习，亦须驿遣高手，故迟至一年有半也。以下引耶律铸《双溪醉隐集》自注，已见上文，不复录。今拓本正作'特勤'，知文忠之言不诬。'特勤'转为'特谨'，'特谨'又转为'台吉'。今蒙古呼王之子弟皆为'台吉'。'台'读若'太'，'吉'读若'级'。太、特、级、谨，声固相通矣。"

盛昱又云："'特勤'字，唐修《隋书》，五代、宋修《唐书》，凡数百见，无不作'勒'。"然此元刊《隋书》，殊不尽然。《李崇传》，"突厥欲降崇，遣使谓之曰：'若来降者封为特勤。'"又《西突厥传》，"其国立軮素特勤，是谓泥利可汗。"之二条"特勤"之字，皆作"殷勤"之"勤"，而不作"衔勒"之"勒"。盖前人之所未见者也。今所选宋刻新旧《唐书》，缺特勤建碑事，亦均作"特勒"。然《张长逊传》，"及天下乱遂附于突厥号长逊为割利特勤"，又《襄武王琛传》，"始毕甚重之赠名马数百匹遣骨咄禄特勤随琛贡方物"，又《李大亮传》，"北荒诸部相率内属有大度设拓设泥熟特勤及七姓种落等尚散在伊吾"。此皆见于明闻人诠本，其字犹有未尽误者。余窃推其致误之由：钱氏谓"外国语言，华人鲜通其义。"其说固当。

然观于温公《考异》诸书云云，及娄、柳二氏所书之碑，当时于此二字，固未有全作"勒"者。上文所举《隋》《唐》二书诸条，亦未尝不"勤""勒"互见。传刻之时，同一不通其义，何以独取"勒"而不取"勤"？盖蕃语多卷舌音，故频用"勒"字。隋、唐诸书，种名如"敕勒""铁勒""突骑施乌质勒"，地名如"疏勒""咥勒儿""钵卢勒"，人名如"安西庞勒""葛勒阿波"，已为读者所习见。校刊之时，遂不免以此例彼，意为去取。而"勒"字日见其多，"勤"字日见其少。即偶有留遗，必犹是沿袭旧本，未为校刊者所注意，故得为硕果之存。钱氏谓："史文转写，或失其真。"指为无心之过者。余窃恐未尽然也。《缺特勤碑》为明皇御制御书，耶律铸既以"特谨"之音互印于前，盛昱复以"台吉"之称申证于后，余更以隋、唐诸书仅存之数字为之证补。此字争端，庶可定矣。

鸺　衣

《礼仪志》六，"皇后衣十二等"，其翟衣有六，"采桑则服鸺衣"，注"黄色"。诸公夫人、诸伯夫人、诸子夫人、三妃、三公夫人均服此衣。故"鸺"字凡七见。是本惟"诸公夫人"节误作"忄"旁，馀皆不误。监本则全作"鸺"。《尔雅·释鸟》，"鸺雉"，郭璞注："黄色，鸣自呼。"与本书注正同。皇后翟衣六："鸺衣外有翚衣"，注"素质五色"；"有褕衣"，注"青质五色"；"有鸷衣"，注"赤衣"按"衣"为"色"之讹；"有鹐衣"，注"白色"；"有翔衣"，注"玄色"。五者皆以雉文为饰，故称翟衣。《尔雅》，"素质五采皆备成章曰翚，青质五采皆备成章曰鹞。"又"鸷雉"，注"似山鸡而小冠，背毛黄，腹下赤，项绿色鲜明。""鹐雉",注"今白鷳也,江东呼白鷳,亦曰白雉";"秩秩海雉",注"如雉而黑,在海中山上"。其色泽与是书所注全合。是"�"之当从"卜"旁,毫无疑义。是本误者一,而未误者六。校刊监本者,见旧本互有异同,以"卜",旁之字罕见,遂不问上下文之意义及其字之有无,而昧然尽改为"忄"旁。至武英殿开版,一仍旧贯。而"�"字遂从此湮灭矣。

南　史

元　刊　序

　　此为元建康道九路刊本，卷首有刊书序，凡四页，中缺一页，各家藏本皆同，以为无可访补矣。江安傅沅叔在《永乐大典》中觅得之，录以见示。今载其全文如下：

　　《南史》所载宋、齐、梁、陈《本纪》十卷、《列传》七十卷，李延寿撰述之笔详矣。仆请絜而言之：宋高祖讨桓玄，除晋孽，自尔骨肉相残。七传为齐太祖所灭。齐兴，仅二十四年，东昏和帝废弑之祸酷烈。梁武受禅，轻纳侯景，结怨东魏，疆埸沦亡，子孙被其弑逆，国祚易而为陈。传四帝而后主无道，纳隋叛降，竟为隋俘，天下混一归于隋。吁！四朝代谢，不过一百七十三年。彼享国脩短，废兴治乱之迹，史臣述之，垂世鉴戒。一开卷间，了然在目。览之者鲜不惕然于心。较之唐尧在位七十载，周家传祚八百六十有七，天壤差殊。静言思之，固虽气运使然，亦岂智力之所可恃。孔子曰："道二，仁与不仁而已矣。"诗云："殷鉴不远，在夏后之世。"诚哉是言也。今江东幸甚，际遇绣衣部使者，拜都廉使暨宪府诸公勉励一道儒学，分刊《十七史》。桐川偶得《南史》，以学廪不敷，劝率诸儒募匠锓梓。时重其事，荷郡侯吕公师皋提纲于先，继蒙郡同知张公云翼偕僚属振领于后，遂成此书。江左后学，感廉使嘉惠之德不浅也。蜀人蒯东寅忝郡文学，黾勉与力，因喜书成，传之永久，与天下览者共之。故僭为引笔，序其颠末云。大德丙午立夏，拜手谨书。

写刊人名

是本版心不记刊版地名，惟《梁·纪》第八第一页鱼尾下，有"古杭占闰"；《传》第三十一第十八页，有"古杭良卿刊"等字。第七十末页版心下，题"桐学儒生赵良粲谨书""自起手至阁笔凡十月"小字二行。先是刊书序缺第三页，未知为桐川，故以上文"古杭"推之，疑为桐庐。但建康道九路所属县州，亦无名桐川者。按《清一统志》，广德州属，有桐水，在州西少北，流经建平县南，在元之广德路境。又广信府属，有桐木水，在铅山县南，源出福建崇安县界。在元之铅山州境，有桐源书院，在今贵溪县。贵溪与铅山为邻。以《隋书》及《北史》刊地例之，此当以铅山为近。按元太平路刻《汉书》儒学教授孔文声跋，有"致工于武林"之语。宋南渡后，杭州刻书甚盛，即遭鼎革，良工犹存。以意度之，是占闰、良卿二人必至自武林之匠役。写官赵氏，或同时与之偕来也。

袁刘袁邓

宋帝《九锡文》，"乃者袁、刘搆祸实繁有徒。"袁、刘二人，王鸣盛举晋陵太守袁标、义兴太守刘延熙以当之。是本"袁刘"作"袁邓"。按本史《宋本纪》下，"泰始元年十二月，江州刺史晋安王子勋举兵反，镇军长史袁顗赴之。邓琬为其谋主。"宋本《宋书》作"刘琬"，实误。殿本《考证》谓"无其人"。若袁标、刘延熙者，不过后来响应之辈。且与袁、刘同时举兵者，尚有顾琛、王昙生、程天祚诸人。《九锡文》赞扬齐帝功业，必以裁除祸首为言，断无遗首举从之理。是本作"袁邓"，当不误也。

冶为系囚之所

《江祏传》，"祏等既诛，帝恣意游览，单骑奔驰，谓左右曰：'祏常禁吾骑马。小子若在，吾岂能得此？'因问祏亲亲馀谁？答曰：'江祥，今犹在也。'乃于马上作敕赐祥死。"各本皆同。是本作"今犹在冶"，不作"在也"。按本史《梁武帝纪》，"东昏闻郢城没，乃为城守计，简二尚方二冶囚徒以配军。"《始安王遥光传》，"遥光欲以讨刘瑄为名，夜遣数百人破东冶出囚，尚方取仗。"《晋安王子懋传》，"子懋既被害，其故人董僧慧为王玄邈所执。僧慧请俟主人大敛毕，退就汤镬。玄邈义之，具白明帝，乃配东冶。"《文学卞彬传》，"永明中琅邪诸葛勖为国子生，坐事系东冶，作《东冶徒赋》。"综上文所言，是冶者实为当时縶系囚徒之所。江祏既诛，其弟祥必以亲属系狱。左右答东昏问，谓"今犹在冶"者，犹言今尚在狱中也。若仅言其人犹在，则必先事追捕，又安能即于马上作敕赐死乎？诸本作"在也"，实误。

述　职

《兰钦传》，"改授都督衡州刺史，未及赴职"，下文"诏加散骑常侍，仍令赴职。"监本、殿本同。是本两"赴职"字均作"述职"。按本史《张缵传》，"改为湘州刺史，述职经途，作《南征赋》。"《孙谦传》，"宋明帝以为巴东、建平二郡太守，郡居三峡，恒以威力镇之。谦将述职，勅募千人自随。"此"述职"二字，虽与《孟子》"诸侯朝于天子"之义有所不合，然自是当时通行之语。汲古本亦作"述"，不作"赴"，且张缵、孙谦二传，诸本均仍其原文，则《兰钦传》之作"赴职"，必为后人窜改。

太子仆非仆射

《昭明太子传》，"始兴王憺薨，旧事以东宫礼绝傍亲，书翰并依常仪，太子以为疑，命仆射刘孝绰议其事。"各本同。是本作"仆刘孝绰"，无"射"字。按下文《太子令》，亦言"刘仆议云：'傍绝之义，义在去服。'"云云，并不称"刘仆射"。孝绰本传："为太子仆，掌东宫管记。"《梁书》本传，亦言"先后为太子仆"。考其历官，未至仆射。诸本言"仆射"者，误也。

齐武帝非梁武帝

《孝义江泌传》，"乘牵车至染乌头，见一老公步行，下车

载之，躬自步去。梁武帝以为南康王子琳侍读。"各本同。是本"躬
自步去"下，"武帝"上，作"染"，不作"梁"。按本史《梁
武帝诸子传》，有南康简王绩，而无子琳其人。子琳实为齐武
帝第十九子，见《齐武帝诸子传》。《齐书·江泌传》亦言："世
祖以为南康王子琳侍读。"且"染"为上文"染乌头"之省文，
"步去"下缀此一字，于文义亦较完足。校者偶未省察，疑"染"
字为不文，任改为形近之"梁"字。诸本沿之，而子琳遂永谓
他人父矣。

方等传文字未蚀

《元帝诸子忠壮世子方等传》，"及至麻溪，军败溺死。方
等之死，元帝闻之心喜，不以为戚。"是本作"军败溺死，求
尸不得。"上句既云"溺死"，下句又云"方等之死"，意嫌复沓。
又下文有"招魂以葬"之语，实与"求尸不得"相应。此句适
在本叶边行，余尝见一本，此四字微有磨蚀之迹。是必覆刻之
时，所据之本，此四字已损灭无存，遂任以他字补之耳。

北　史

信州路刊本

此亦元大德九路刊本之一，版心有"信州路儒学信州路学信州学本学府学州学路学象山书院稼轩书院蓝山书院道一书院玉山县学永丰县学弋阳县学上饶县学贵溪县学刊"等字。细黑口，鱼尾上下间记字数及刻工姓名。校正者，有周已千、孙粹然、方洽、周益、周之冕、陈华、郑道宁、王烈、杨燧、陈志仁诸人，署名卷末，一人至四人不等。

集庆路刊本

是本行款与前书合，校正人名亦同，惟增孙燠然一人。然非覆刻前本。以某人校某卷，与前书不尽合也。版心无刊版所在地名。上下阔黑口，亦间记刻工姓名，明《南廱志·经籍考》载，《北史》一百卷，存者二千六百七十六面，缺四十五面。本集庆路儒学梓，或即此本欤。又《隋书》《南史》，亦均有集庆路儒学梓本，均见《金陵新志》。此三史，集庆路殆据九路本同时各重刻一部也。

多存古字

王鸣盛谓："南北各书，既多别体。李延寿全不知小学，仍讹踵谬，触目皆是。今观《北史》，如以'愆'为'僁'，以'验'为'骁'，原注见《长孙晟传》，按《晟传》"谨验兵书"句，是本并不作"骁"。以'镨'为'櫃'，以'几'为'机'，以'算'为'笀'，以'杀'为'煞'，以'投'为'透'，字体不正如此。"又云："亦有俗书已误而此尚存古者，如以'厢'为'箱'，以'擒'为'禽'，以'赈'为'振'，以'馁'为'矮'。"然以余所见，尚不止此。如时本：

《纪》第三《魏孝文纪》，"帝潔白有异姿。"《列传》第七《彭城王勰传》，"清规懋赏，与白云俱潔。"是本两"潔"字均作"絜"。

《纪》第七《齐孝昭纪》，"又命开府长流参军刁柔代之。"《传》第二十《崔孝芬传》，"与大都督刁宣往救援。"是本两"刁"字均作"刀"。

《纪》第十《周宣帝纪》，"四皇后及文武侍卫数百人并乘驿以从。"《传》第七《赵郡王幹传》，"灵太后遣游击将军王峥驰驿喻之。"是本两"驿"字均作"馹"。

《纪》第十二《隋炀帝纪》，"近臣互相掩蔽，皆隐贼数，不以实对。"《传》第八十五《西域传》，"暨魏晋之后，互相吞灭。"是本两"互"字均作"乐"。

《传》第三《武卫将军谓传》，"臣哉邻哉邻哉臣哉。"是本四"哉"字均作"才"。

《传》第四《广阳王建传》,"异端讼臣绯绯翩翩,谋相诽谤"。是本作"偏偏"不作"翩翩"。

《传》第七《赵郡王幹传》,"坐殴其妃免官"。第十三《古弼传》,"以手搏其耳,以拳殴其臂。"是本两"殴"字均作"欧"。

又《彭城王勰传》,"乃夜进安车于郡廳事。"第五十六《豆卢勣传》,"有白乌飞上廳前。"是本两"廳"字均作"聽"。

《传》第九《崔浩传》,"宜分军隐山掩击不意。"又"臣观天文,比年以来,月行掩昴。"是本两"掩"字均作"奄"。

《传》第二十《崔说传》,"少有气概,膂力过人。"是本作"旅"不作"膂"。

《传》第二十二《游明根传》,"如闻贼将屡以宿豫,求易朐山。"第四十七《李询传》,"屡以军功加位大将军。"是本两"屡"字均作"娄"。

《传》第二十四《薛端传》,"梁主萧察曾献玛瑙钟。"第四十一《鲜于世荣传》,"及周武帝入代,送玛瑙酒钟与之。"是本两"玛瑙"字,一作"马瑙",一作"马脑"。

《传》第二十九《杨穆传》,"弟俭位北雍州刺史,政尚宽惠"。 又《杨文恩传》,"后为魏州刺史,甚有惠政。"是本两"惠"字均作"慧"。

《传》第三十一《李平传》,"愉天迷其心,构此枭悖。"第六十二《裴蕴传》,"源其情意,深为悖逆。"

是本两"悖"字均作"勃"。

《传》第三十二《崔光传》,"枭鹏鸣于宫寝"。第八十一《萧詧传》,"七年冬有鹏鸟鸣于寝殿。"是本两"鹏"字均作"服"。

又《崔光传》,"一食之费,容过斤镒。"是本作"溢"不作"镒"。

《传》第三十三《傅永传》,"能手执鞌桥,倒立驰骋。"第七十七《李顺兴传》,"以布衣倒覆身上。"是本两"倒"字均作"到"。

《传》第四十九《王谊传》,"然性怀险薄。"第五十四《泉仚传》,"前途夷险,抑未可知。"是本两"险"字均作"俭"。

《传》第五十九《秦王俊传》,"但费官物营廨舍而已。"是本作"解",不作"廨"。

又《越王侗传》,"化及枭獍为心,禽兽不若。"第六十七《传论》,"枭獍凶魁,相寻蒩戮。"是本两"獍"字均作"镜"。

又《传论》,"棠棣之诗徒赋,有庳之封无期。"是本作"鼻",不作"庳"。

《传》第六十三《元岩传》,"权侔王室,以为磐石之固。"是本作"盘",不作"磐"。

《传》第七十一《颜之仪传》,"我求才子,鲠慰良深。"是本作"尉",不作"慰"。

《传》第七十九《列女传》,"图像丹青,流声竹素。"是本作"象",不作"像"。

又《谯国夫人洗氏传》,"遣使执暄系州狱。"是本作"係"，不作"系"。

《传》第八十一《慕容氏传》，"时河冰未成，宝谓帝不能渡。"是本作"度"，不作"渡"。

《传》第八十三《蛮獠传》，"伯犁等悦，遂为嚮（向）导。"是本作"郷"，不作"嚮"。

凡此皆古字之仅存者。王氏于所举四字后，指为偶合，谓"未必因识字能如此。"云云。然余于王氏所举外，又检得二十馀字，似不能尽谓为偶合也。

金造远与象州逆均沿旧误

《传》第四十二娄昭之子《定远传》，"穆提婆求其伎妾，定远不许。因高思好作乱，提婆令临淮国郎中金造远阴与思好通。"王氏谓："案《北齐书》作'郎中令告定远'云云，《北史》误以'令'为'金'，'告'为'造'，而又脱'定'字，遂似有一郎中姓金名造远者。"是本亦误作"金造远"。又第七十八《何稠传》，"稠至五更掩及其洞，悉发俚兵以临馀贼。象州逆州开府梁昵讨叛夷罗寿罗州刺史冯暄讨贼帅杜条辽罗州逆帅庞靖等相继降款分遣建帅李大檀并平之"。王氏谓："'象州逆'下，刻本讹舛。当移'帅杜条辽'至'分遣建'十八字属于下，而接以'州开府'。"云云。案《隋书·稠传》，与王氏之言相合。是本错简，正如所指。盖其误由来久矣。

锡衰

《传》第六《安定王休传》，"及薨至殡，车驾三临，帝至其门，改服褟衰。"《魏书》本传作"褟衰"，是本作"锡衰"。按《周礼·春官司服》，"王为三公六卿锡衰。郑司农云，锡，麻之滑易者。十五升去其半。有事其布，无事其缕。"

景午景子

《传》第二十《崔仲方传》，"仲方上书论取陈三策云：'至今开皇六年，岁次庚午，合三百七载。'又云：'陈氏草窃，起于庚子。至今庚午，又子午为冲阴阳之忌。'"钱氏《考异》云："开皇六年，岁在丙午。唐人避'丙'称'景午'。"又云："陈武帝以丙子岁自为丞相录《尚书》事。明年受禅。此庚子庚午亦景子景午之讹。"是本正作"景午景子"。

时本多缺文

明监本、武英殿本，本史颇有缺文。即汲古阁本校勘较慎，亦所不免。如：

《纪》第五《魏孝庄纪》，"永安二年秋七月以柱国大将军太原王尔朱荣为天柱大将军"下，是本多"癸酉临颍县辛江丰斩元颢传首京师甲戌以大将军"二十一字。按此条汲古阁本不缺。

《传》第三《魏宗室元丕传》，"燕州刺史穆罴论移都事臣闻黄帝"下，是本多"都涿鹿古昔帝王不必悉居中原帝曰黄帝"十七字。

《传》第六十九《刘献之传》，"献之语诸从学者傥不能然虽复不"句，是本"复不"二字作"复下"，以下多"帷针股蹑屩从师正可博闻多识不过为土龙乞雨眩惑其于"二十四字。

《传》第八十《和士开传》，"士开说武成以国事分付大臣于是委赵彦深"下，是本多"掌官爵元文遥掌财用唐邕掌外兵白建掌骑兵冯子琮胡长粲"二十五字。

又《韩凤传》，纪段孝言监造晋阳宫事。"见孝言役官夫匠自"下，是本多"营宅即语云仆射为至尊起台殿□未讫何用先自营造凤及穆提婆"二十六字。

旧唐书

宋刻残本

石晋时刘昫等奉敕撰，原称《唐书》。自欧宋重修本出，始以"旧"字别之。铁琴铜剑楼瞿氏藏宋刻残本，存《志》第十一至十四、第二十一至二十五、第二十八至三十，《传》第十五至二十八、第三十八至四十七、第五十至六十、第七十八至八十三、第一百十五至一百十九、第一百二十九至一百三十四、第一百四十下至一百四十四上，凡六十七卷，又子卷二卷。卷末题"左奉议郎充绍兴府府学教授朱倬校正"者十五卷，题"右文林郎充两浙东路提举茶盐司干办公事霍文昭校勘"者九卷，同上衔"苏之勤校勘"者二十四卷，题"左从政郎绍兴府录事参军张嘉宾校勘"者六卷，同上衔"徐俊卿校勘"者六卷。案《宋史·朱倬传》，倬与丞相秦桧忤，出教授越州。是书题"倬校正"，当为南宋初年刊本。

闻人诠刻本

《旧唐书》自南宋初年刊行后，越四百年，至明嘉靖，始有重刊之举。校刻者馀姚闻人诠，同校者嘉兴沈桐。卷首有闻人诠、杨循吉、文徵明三序。闻人序云："酷志复刊，苦无善本。弭节姑苏，穷搜力索。吴令朱子遂得《列传》于光禄张氏，长洲贺子随得《纪》《志》于守溪公。遗籍俱出宋时模板。督同苏庠，严为校刻。肇事于嘉靖乙未，卒刻于嘉靖戊戌。"文序云："是书尝刻于越州，卷后有教授朱倬名。沈子仅得旧刻数册，较全书才十之六七。于是遍访藏书之家，残章断简，悉取以从事。校阅惟审，一字或数易。历数寒暑，乃就厥绪。"按宋刻每半页十五行，行二十五字。嘉靖覆刻，行数相同。特每行增多一字。

宋刻明刻之异同

《志》第十四《历》三，"求九服所在每气蚀差"节：

宋刻本	明刻本
并二率半之六而一为夏率	并二率半之六而一为夏总
二率相减六一为差置总差	差减之为冬率冬率即是冬
六而一为气半气差以加夏	至之率也每以气差加之各
率又以总差减之为冬率冬	差以加夏率又以率二率相
率即是冬至之率也每以气差	减六一为差置总差六而一
加之各为每气定率	为气半气为每气定率

《志》第二十一《地理》四，"广州中都督府"节：

宋刻本	明刻本
其年又以义宁新会二县立	其年又以有经略军管镇兵
冈州今督广韶端康冈杂䓖	五千四百人其衣粮轻税本
陇窦义雷循潮十四州永徽	道以自给广州刺史充岭南
后以广桂容邕安南府皆隶	五府经略使天宝元年改为
广府都督统摄谓之五府节	南海郡乾元元年复为广州
度使名岭南五管天宝元年	
改为南海郡乾元元年复为	
广州州内有经略军管镇兵	
五千四百人其衣粮轻税本	
道以自给广州刺史充岭南	
五府经略使	

《传》第一百四十六《李白传》：

宋刻本	明刻本
天宝初客游会稽与道士吴	天宝初客游会稽与道士吴
筠隐于剡中既而玄宗诏筠	筠隐于剡中既嗜酒日与饮
赴京师筠荐之于朝遣使召	徒醉于酒肆
之与筠俱待诏翰林白既嗜	
酒日与饮徒醉于酒肆	

　　闻、沈刻是书时，所据宋本原有残缺。沈氏附识，惠借藏书者陈沂、王延喆、王毅祥、张汴四人，皆吴中藏书之家。是本钤有"绍兴府镇越堂官书印"者数卷，当时必尚弄藏越中。闻人氏近在咫尺，惜竟未能访及。遂有"校阅惟审，一字数易"之语。故不能尽与宋本合也。

殿本无异重修

沈德潜校刊殿本跋语曰："姚江闻人诠视学江南，遍访遗籍。残编断简，汇而成帙。其书复行于世，然《志》多厥略，《表》全散轶，且《纪》《志》中多前后讹舛之文，不能复还其旧也。臣等奉勅校勘，合之《新书》以核其异同，征之《通鉴纲目》以审其裁制，博求之《通典》《通志》《通考》与夫《英华》《文粹》诸书，以广其参订。"又曰："参错者更之，谬误者正之。其辞义可疑而无从证据者，俱仍原文，凡以存缺文、缺疑之意也。"似此殆无异于重修。故有宋、明二本俱无其文，而独见于殿本者。且以文义观之，有时且似转胜于旧本也。清道光中扬州罗士琳、刘文淇辈，尝校明刻是史，以欧宋未修《新书》以前宋人所撰之书为之考证。其异于今之殿本者，往往转与《太平御览》《册府元龟》《元和郡县志》《太平寰宇记》《唐会要》诸书相合。然则清代重修之本，抑犹有未可尽信者矣。

殿本缺文

德潜所言，校刊似极审慎，即有与明本不尽合者，宜亦必详加考订而后下笔矣。然疏忽之处，仍所不免。如：

《志》第九《音乐》二，"制氏在太乐能记铿锵鼓舞河间"下，夺"王著乐记八佾之舞与制氏不甚相远又舞八佾之明文也汉仪云"二十六字，适当明本一行。是盖写录之时，漏观本行，致将前行与后行误接。

又"高宗成蓬莱宫充庭七十二架"下，夺"武后迁都乃省之皇后庙及郊祭并二十架"十七字。是必误认"七十二架"字为"十二架"，故迳与下文"同舞八佾"接。

《志》第十七，五行，"洛水泛溢坏天津桥漂流居人庐舍溺死者数千人三年"下，夺"夏山东河北二十馀州大旱饥馑死者二千馀人 景龙二年正月"二十五字。亦适当明本一行。

《志》第二十一《地理》四，"戎州中都督府"节，"以处生獠也"下，夺"戎州都督府羁縻州十六武德贞观后招慰羌戎开置也"二十二字。亦适当明本一行。

《传》第一百三十五下《袁滋传》，"行及中路拜检校吏部尚书平章事剑南西川节度使"下，夺"贼兵方炽滋惧而不进贬吉州刺史俄拜义成军节度使"二十二字。是必误认上"节度使"三字为下之"节度使"，故迳与下文"百姓立生祠祷之"接。

《志》第一百四十九上《高丽传》，"因下马再拜以谢天延寿"下，夺"惠真率十五万六千八百人请降太宗引入辕门延寿"二十一字。是亦必误认上"延寿"二字为下之"延寿"，故迳与下文"等膝行而前"接。

上列六条，明本并无脱漏。馆臣覆校，竟未检得。此亦德潜郑重申明之时所不及料者也。

叛换　进旨　即目　条流

《传》第十六《房元龄传》，"高昌叛换于流沙，吐浑首鼠于积石。"第三十四《裴行俭传》，"吐蕃叛换，干戈未息。"第九十九《归崇敬传》，"以两河叛换之徒，初禀朝命。"此"叛换"二字，殿本均改作"叛涣"。

《纪》第十一《代宗纪》，"其天下见禁囚，死罪降从流，流已下释放，左降流人移隶等，委司奏听进旨。"《传》第一百十五《温造传》，"即合待罪朝堂，候取进旨。"第一百四十下《吴通玄传》，"天子召集贤学士于禁中草书诏，因在翰林院待进旨，遂以为名。"此"进旨"二字，殿本均改作"进止"。

《传》第一百二十九《张浚传》，"张浚所陈，万代之利也；陛下所惜，即目之利也。"第一百三十二《高骈传》，"逆党人数不多，即目弛于防禁。"此"即目"二字，殿本均改作"即日"。

《传》第二十七《崔玄义传》，"兼采众家，皆为解释；傍引证据，各有条流。"第一百十五《柳公绰传》，"乃下中书条流人数，自是吏不告劳。"又《柳仲郢传》，"武宗有诏减冗官。吏部条流，欲牒天下州府取户额官员。"此"条流"二字，殿本均改作"条疏"。

右列诸字，宋、明刻本均同。校刊殿本者不过以其罕用，疑有讹误，遂易以形近之字、习见之词。然未免蹈窜乱古书之弊。

钱氏考异有异字

钱大昕精于史学，其所撰《廿二史考异》论本书《地理》

者，"关内道凤翔府"下"改雍州为凤翔县"句，谓"'州'字衍。"而明本实作"雍县"，不作"雍州"。又"河南道河南府"下"领洛郑熊縠嵩管伊汝管"句，谓"两'管'字必有一误。"而明本实作"伊汝鲁"，不作"伊汝管"。又"郓州"下"天宝元年改为河阳郡"句，谓"'河阳'当为'济阳'之讹"。而明本实作"济阳"，不作"河阳"。又"棣州"下"猒次汉當平县"句，谓"'當平'盖'富平'之讹。"而明本实作"富平"，不作"當平"。以上均见《志》第十八。又"山南道利州"下"汉葭萌县地屬为汉寿县"句，谓"'屬'当作'蜀'。"而明本实作"蜀"，不作"屬"。见《志》第十九。钱氏多读异书，断无不见闻、沈刻本之理。而兹二卷者，以上文所言证之，则似为其所未睹，殊不可解。

殿本订正错简有小误

《纪》第十一，第十六至十八叶，第二十至二十二叶，明本均有错简，经殿本订正。惟"永泰四年秋七月癸未诏"下至"理之代"上，殿本增"以天下刑官滥刑"七字。按上文三月壬申省减吏员诏，并不先著理由。今增七字，恐非原文。又五年，"二月戊戌李抱玉"下，应接"移镇鳌屋"。按原文"移镇"上有"凤翔"二字，殿本删去。窃谓此二字不当删。其上且似脱一"自"字。盖抱玉原为凤翔节度使，因改充山南西道节度使，故移镇鳌屋。若无此"自凤翔"三字，则下文"凤翔军愆发"云云，转似无根。又八年春，"甲子上文似脱'二月'二字御史大夫李栖筠弹吏部侍郎徐"下，殿本旁注"缺字"。其下接"丁卯幽州节度使朱泚加检校户部尚书封怀宁郡王。"其下又接"徐浩、薛邕违格并停知选事。"按《徐浩传》，浩为吏部侍郎，坐以妾弟冒选托侍郎薛邕注授京尉，为御史大夫李栖筠所弹。上文"怀宁郡王"下，有"徐浩、薛邕违格并停知选事"句。是李栖筠所弹者，必即其人其事。窃以为"李栖筠弹吏部侍郎徐"下，宜与"徐浩、薛邕"云云相接，于事方合，特衍一"徐"字耳。殿本插入"丁卯幽州"云云二十一字，似有未惬。

《志》第一，第六至十六叶，明本有错简，亦经殿本订正。惟殿本《考证》云："'自是五精之神五星所奉矣'下，应接'以其是人主之象'云云。原本'以'字讹矣，下误接'其又以五方帝五帝五官从祀'云云，共误二千三百馀字。"今查自"五方帝"至"百寮会议"，实有三千五百字。又云："'以睿宗配'下，应接'其五方帝五人帝五官从祀'。原本误接'太常博士独孤及献议'共三千三百馀字。"今查自"太常博士独孤及献议"至"有司之过也"，实只一千九十八字。又云："'诏百寮会议'下应接'太常博士独孤及献议'至末，原本误接'天是人主之象'云云，共四千二百馀字。"今查自"以其是人主之象"至"以睿宗配"，实有四千五百六字。

唐　书

宋小字本

天禄琳琅有《唐书》，行密字整，结构精严。于仁宗以上讳及嫌名，定为嘉祐奉敕所刊之本。有李安诗、梅谷、树德堂诸印。《仪顾堂题跋》："宋本《新唐书》，每半页十四行，行二十五字。中有会稽李安诗题语，并有梅谷、树德堂印。"此必一书析而为二。陆氏藏本今已流出海外。曩岁至静嘉堂观书，乞假景印。中缺各卷，以为天禄琳琅本必可牉合。诇访之故宫，书已无存。北平图书馆亦有同式之本，然所存卷帙尤少。

未几，上海书肆以一残宋本来，云是商丘宋氏故物，亦小字本也。半页十六行，行三十字左右。宋讳避至高宗止。字细如发，笔致劲秀，镌印俱佳。余为傅沅叔作合，今入于双鉴楼矣。同为密行细字，可与陆本相配，然仍有短缺。因以南宋闽本足之。

南宋闽本

是书先为缪艺风所藏。半页十行，行十九字。目后有"建安魏仲立宅刊行"木记。宋讳亦避至仁宗止。艺风定为出自北宋，刊于南宋。其后归于余友刘翰怡。翰怡畀余景印。版刻绝精，展阅不忍释手。惜缺去四十馀卷，无从补配，故难印行。

时本缺文可补

北宋小字本可补时本缺文甚多。如：

《地理志》第二十八，陕州陕郡夏县注下，比时本多"芮城"二字及注"望武德二年以芮城河北永乐置芮州贞观元年州废以永乐隶鼎州芮城河北来属"三十三字。

《艺文志》第五十，《卢受采集》二十卷下，多"王适集二十卷乔知之集二十卷"十三字。《崔液集》十卷《张说集》下，多"二十卷苏颋集"六字。

《宰相表》上第一，"贞观四年二月甲寅珪为侍中"节下，多"七月癸酉瑀罢为太子少傅"一行。

又《表》下第三，"乾符元年十一月彦昭为门下侍郎"节，"畋为中书侍"下，多"郎兼礼部尚书携为中书侍郎"十二字。

何诘何止

《传》第一《则天顺圣皇后武氏传》，"凡言变，吏不得何诘。"又《上官昭容传》，"是时左右内职皆听出外，不何止。"两"何"字时本均作"呵"。按《史记·秦本纪》，太史公引贾生之言："陈利兵而谁何。"如淳注:"何,犹问也。"是当作"何",不作"呵"。

放 命

《传》第二十六《萧复传》,"又言陛下厥初清明,自杨炎、卢杞放命,秽盛德播。"又第二十八《韦云起传》,"因劾奏内史侍郎虞世基御史大夫裴蕴,怙宠放命。"两"放"字时本均作"妨"。按《尚书·尧典》"方命圯族,孔疏,郑王以方为放,谓放弃教命。"是"放"字当不误。

鬻 纸

《传》第一百十七《张巡传》,"士日赋米一勺,龁木皮鬻纸而食。"时本"鬻"字作"鬻"。按"鬻"即"粥"字,见《周礼》,此正与上文"龁木皮"相应。时本作"鬻",实因形似而讹。

何 国

《传》第一百四十六下《康传》,"东安,或曰小国,曰喝汗,在那密水之阳,东距何二百里许。"时本"东距何"作"河"。按上文"枝庶分王,曰安,曰曹,曰石,曰米,曰何,曰火寻,曰戊地,曰史。"是"何"为一小国名,不当作"河"。时本实误。以上四则均见北宋小字本。

霜 俭

《传》第二十三《马周传》，"往贞观初，率土霜俭。"按《纪》第二《太宗纪》，"贞观元年八月，河南陇右边州霜。"又《五行志》第二十六"贞观元年秋霜杀稼，又三年，北边霜杀稼。"又《传》第二十六《魏徵传》，"徵上十渐疏，亦言贞观初频年霜旱。"又《旧书·太宗纪》贞观元年，亦云"是月关东及河南陇右沿边诸州霜害秋稼。"是"霜俭"云者，谓因霜而岁俭。时本易为"荒俭"，盖以"霜俭"二字较生，故臆改耳。

趣虎牢者秦王非窦建德

《传》第二十五《封伦传》，"初窦建德援洛，王将趣虎牢。伦与萧瑀谏不可。"按《窦建德传》，"武德四年，建德发兵三十万救世充，壁成皋东原，筑营板渚，遣使与世充约期。又遗秦王以书，三月，王进据虎牢。"《伦传》所称"建德援洛"者，即指此事。王，即秦王也。时本乃作窦建德援洛阳，无"王"字。一似趣虎牢者，是建德而非秦王，与事实全反矣。

皇甫政无杀侄事

《传》第七十六《关播传》，"元平贷死，流珍州，会赦还住剡中。观察使皇甫政表其至以发帝怒，遂流死贺州。"按《旧书·李元平传》，亦言"会赦得归剡中，浙东观察皇甫政表闻其到，以发上怒。"时本"表其至"三字乃作"杀其侄"。是必"表至"二字，略有蚀损。覆刊之时，误认残形，以"表"为"杀"，以"至"为"侄"，真所谓毫厘千里矣。

新罗王妃非淑氏

《传》第一百四十五《新罗传》，"永贞三年，使者金力奇来谢，且言往岁册故主俊邕为王，母申太妃，妻叔妃。"按《旧书》同传，亦言"力奇上言，贞元十六年奉诏册臣故主金俊邕为新罗王，母申氏为太妃，妻叔氏为王妃。"时本误"叔"为"淑"，与上文"母申"之文，不相应矣。以上四则均见南宋小字本。

殿本衍文

殿本《表》第八《方镇表》第五页，乾元二年后，接三年至十四年。其十年下第五格有"漳潮二州隶岭南经略使"十字。是为第六页。第七页接"上元元年"。按《肃宗纪》，乾元二年后，即为上元元年。又上元元年闰月己卯，大赦改元。《旧书》亦云："乾元三年闰四月己卯，改乾元为上元。"是乾元实只有二年。又漳、潮二州，于天宝十载改隶岭南经略使，已见上文。此误增之一页，与南宋闽本本卷第四页天宝三载至十四载，文字完全重复，特易"载"字为"年"字。不知殿本何以有此衍文？

旧五代史

薛史遗迹

《宋史·太祖纪》,"开宝六年四月戊申,诏修《五代史》。"《玉海》称"是年四月二十五日,诏梁、后唐、晋、汉、周《五代史》,宜令参政薛居正监修,卢多逊、扈蒙、张澹、李穆、李昉等同修。至十年闰十月甲子,书成。凡百五十卷,目录二卷。其事凡记十四帝,五十六年。为《纪》六十一、《志》十二、《传》七十七。"《居正本传》,则监修《五代史》在开宝五年。王鸣盛已辨其误。晁氏《读书志》,同修者尚有刘兼、李九龄二人。或刊本结衔如是也。

湮没之由

《宋史·选举志》,朱子议设诸经、子、史、时务各科试士,诸史以《左传》《国语》《史记》《两汉》为一科,《三国》《晋书》《南北史》为一科,新、旧《唐书》《五代史》为一科。《唐书》兼举新、旧,而《五代史》仅举其一。维时欧《史》盛行,所指必非薛《史》。又《金史·选举志》，学校以经、史、子课士，均指定当用之书。诸史则《史记》用裴骃注，《前汉书》用颜师古注，《后汉书》用李贤注，《三国志》用裴松之注，及唐太宗《晋书》，沈约《宋书》，萧子显《齐书》，姚思廉《梁书》《陈书》，魏收《后魏书》，李百药《北齐书》，令狐德棻《周书》，魏徵《隋书》，新旧《唐书》，新旧《五代史》，皆国子监印之，授诸学校。至章宗泰和七年十一月癸酉，诏新定学令内，削去薛居正《五代史》，止用欧阳修所撰。按金泰和七年，当宋宁宗开禧三年，为朱子殁后七年。窃意是时南朝先已摈废薛《史》，北朝自知文化不逮，故起而从其后。自是薛《史》遂微。元九路分刊《十七史》，明南、北监两刊《二十一史》，均不之及。

明清之际尚有存本

《四库总目》谓："惟明内府有之，见于《文渊阁书目》。"按阁目字字号第三厨书目，存《五代史》十部：十册者六，十四册者一，十五册者二，十六册者一。均不注卷数，亦不分别新旧。使悉为薛《史》，不应通行之欧《史》反无一存。且薛《史》刊本绝少，亦不应流传如是之夥。如谓兼而有之，更不应一无区别。再以所分册数考之，亦似近于欧《史》而远于薛《史》。颇疑《总目》所言误也。以余所知，明万历间连江陈一斋有是书，所记卷数，与《玉海》合，见《世善堂书目》。清初黄太冲亦有之，见《南雷文定》附录《吴任臣书》，全谢山谓其毁于水火。连江陈氏所藏，陆存斋谓嘉庆时散出。赵谷林以兼金求之，不可得，盖亦必化为劫灰矣。

歙县汪氏藏金刊本

昔闻人言,歙县汪允宗德渊尝有是书,为金承安四年南京路转运司刊本。允宗,余故人也。方其在日,从未道及。余初未之信,嗣获见其《今事庐笔乘》数则,乃知所闻为不虚。今录如下:

薛《书》于《南唐书》多乖误薛居正等修《五代书》,在开宝中。其时江南未平,不见南方旧史。故于《杨行密传》颇多谬误。盖但据张昭远所记及唐年补录,故行密事多无次序也。惟于中原战争,则较他史完密,尤非欧阳修所可及。

黄梨洲之薛《书》黄梨洲有薛居正《五代书》,原注自胡梅磵引之作史,后人多称为《旧五代史》矣。实得于淡生堂。吴任臣作《十国春秋》,尝向之假阅。然观任臣于南唐降周诸表,未尝采录全文,殆未借得。梨洲生前藏书,尝毁于水,身后再灾于火。据全绍衣所记,梨洲此书实为水毁。谢山《二老阁藏书记》有"垂老遭大水"及"身后一火"之语。或水或火,似未断定。予前得金大定本,与余所闻为承安本不合。然相距不远,或一为鸠工之始,一为藏事之期。署名称《五代书》,因国事而质没。至今思之,有馀惜也。

薛居正《五代书》亦称《史》宋以来于薛氏《五代书》多称为《五代史》。予所见金大定刻本,实作《五代书》。又观薛氏于诸传之互见者,往往有"某人见某书",或"某书有传",或"见本书某处"。是皆"书"

之证也。然《霍彦威传》，于霍存则曰："存《梁史》有传。"此又薛氏"书""史"杂出之证。宜在宋时"书"与"史"互出无定名，而宋以后则皆通称为"史"，盖沿胡身之所云矣。

有友又录其《货书记》见视。今并录之，亦足证其实有是书也。

予旧庋金南京路转运司刊薛氏《五代史》一百五十卷，元大德己亥孙粹然、张公俊刊于广信书院之《稼轩长短句》十二卷，宋刊李好古《碎锦词》一卷，元刊《诗传通释》二十卷安成刘瑾，蒋国祚刊袁宏《后汉纪》三十卷，宋刊《历代纪年》十卷晁公迈，又棉纸大方册本唐吴兢所撰《贞观政要》十卷日本足利时刊本，旧抄以纸色决之，当为明人所抄，且有"谢在杭印"及"许芳城藏"小章。许为明末遗老，新安人也。元黎崱《安南志略》十九卷。民国四年乙卯三月，日本要胁我国甚亟。能我援者厥惟英国，而英、日方有同盟条约。日本并以谍说蔽英。予愤其谲，与同志一、二自香港电告英伦，发日狡谋。方苦资用无出，予遂取诸书货于一粤估，得银币一千三百元，用为电费。顾此仅供五次通电。复陆续募诸同志，以济斯急。计是役所耗逾七千元。幸英人觉悟，日谋得少延缓，而予历岁搜罗精本，斥其半矣。五月十三日追记于此。

依是观之，则汪氏确有其书，而其书确已归于他人。余辗转追寻，又似其书尚在人间。惝恍迷离，莫可究诘。盖亦在若存若亡之际矣。

四库辑本

《四库》馆开，馀姚邵晋涵取《永乐大典》所引薛《史》，掇拾成文，冀还真面。不足，以《册府元龟》所引补之，均各记其所从出卷数。又不足，则取宋人所著如《太平御览》《五代会要》《通鉴考异》等书凡数十种，或入正文，或作附注，亦一一载其来历。《四库》馆臣，复加参订。书成奏进，敕许刊行。最先刻者为武英殿本，主其事者尽削其所注原辑卷数。彭元瑞力争不从，人皆惜之。

嘉业堂刘氏刊本胜于殿本及四库写本

近人南昌熊氏得《四库全书》写本，据以景印。所注原辑卷数尚存。余友刘翰怡得甬东抱经楼卢氏藏本，亦当时所传录者，并已版行。所列附注独多。原辑卷数亦未删削。凡得一千三百七十条，视殿本多五百三十八条，视库本多四百七十一条。虽殿本有三十九条、库本有三条，为刘本所无，然较短絜长，总以刘本为最备。且刘本卷七十一有《郑元素传》，库本无之。卷九十六有《淳于晏传》，殿本无之。又卷九十八《张砺传》，文字亦视殿、库二本为详。

长洲章氏藏孔潢谷校邵氏稿本

长洲章式之同年尝迻录孔潢谷校邵氏稿本。余假得之，留案头者数月，悉心雠校，亦有异同。卷中附注，刘本有而孔本无者，三百八十一条；有而不全者，二十三条；孔本有而刘本无者，六十五条。式之谓邵氏所辑，不免偶误。馆臣有所增补改正。且孔氏所校，亦非据邵氏原稿，故与刘氏所得钞本又有不同。

清代忌讳字均删改

武英殿本及《四库》写本因清代以异族入主中夏，多所忌讳。变易字句，已非薛氏原文。惟刘、孔二本，尚存邵氏原辑之旧。然刘本已不若孔本之完善矣。今摘举其所变易者如下：

卷五《梁太祖纪》，开平三年下"况灵旗北指丧犬羊于乱辙之间"	"犬羊"改"黑貔"
卷十《梁末帝纪》龙德元年下"故有犬戎猾夏之师"	"犬戎猾夏"改"边裔狁逞"
卷十二《郴王友裕传》，"克用令胡骑连射"	"胡"改"蕃"以下或改"塞"，或改"部"，或改"虎"，或删去。不复录。
卷二十三《王景仁传》，"时镇定作递朋附蕃丑"	"蕃丑"改"沙陁"
卷三十七《唐明宗纪》，天	"明"改"顺"以下或改"命"。

成元年下"伪署幽州节度使卢文进率户口归明"	不复录。
卷四十五《唐闵帝纪》，应顺元年下"天子避寇古亦有之"	"寇"改"敌"以下或改"骑"，或改"兵"。不复录。
卷四十八《唐末帝纪》，清泰三年下"戎王并以汉军与石敬瑭"	"戎王"改"契丹主"以下屡见，或不缀"主"字，或改"北主"。均不复录。
卷八十《晋高祖纪论》，"召戎为援狎犹自兹而孔炽"	"召戎为援"改"强邻来援""狎犹"改"契丹"
卷八十二《晋少帝纪》，开运元年下"飞矢蔽空贼军稍却"	"贼"改"敌"以下屡见，或改"人"字。不复录。
卷八十三《晋少帝纪》，"杜威召诸将议曰戎首自来实为勍敌"	"戎首"改"北主"
卷八十五《晋少帝纪》，"得伪诏慰抚帝表谢之"	"伪"改"敌"
又"伪诏应晋朝臣僚一切仍旧"	"伪"改"契丹主"以下或但改"契丹"。不复录。
又"陉即蕃王避暑之地也"	"蕃王"改"契丹"
卷八十九《刘昫传》，"契丹主降伪命授昫守太保"	"降伪命"三字删以下凡"伪旨""伪诏"或仅一"伪"字，均删去。不复录。
卷九十三《张仁愿传》，"及契丹犯缺"	"犯缺"改"入汴"以下或改"去汴"，或改"入中原"。不复录。

卷九十五《皇甫遇传》，"尝为遮虏军使"	"虏"改"塞"以下或改"国"，或改"境"。不复录。
又《沈赟传》，"侍中父子误计陷于腥膻忍以羶幕之众残害父母之邦"	"腥膻"改"契丹"，"羶幕"改"氊幕"
又《吴峦传》，"岂有礼义之人而臣于异类乎"	"异类"改"异姓"
卷九十六《王瑜传》，"会北戎盗据中夏"	"北戎盗据"改"契丹据有"以下"戎"字或改"北"，或改"兵"，或改"方"。不复录。
又"瑜说钦祚曰若不西走当为左衽矣"	"为左衽"改"属契丹"
卷九十七《杨光远传》，"生禽酋长李和等数十人送于缺下"	"酋长"改"其将"以下仅一"酋"字者，改"长"字。不复录。
又《卢文进传》，"中国所为虏中悉备"	"虏中"二字改"者"
卷九十八《赵德钧传》，"因名良乡县以备虏寇"	"虏"改"钞"
又《萧翰传》，"时虏主死汉高祖已建号于太原"	"虏主死"三字删
又《崔廷勋传》，"幼陷虏廷"	"虏廷"改"契丹"
卷九十九《汉高祖纪》，天福十二年下"三月壬辰丹州都指挥使高彦珣杀伪命	"伪命"改"契丹所命"

刺史"

卷一百十《周太祖纪》,乾　　"贼将"改"主"字不叠"砦"
祐二年下"五月九日攻河　　字不成文。
西砦贼将周光逊以砦及部
众千馀人来降"

卷一百十五《周世宗纪》,　　"戎心"改"兵端"
显德二年下"厚启戎心
诱为边患"

卷一百十九注"世宗既下　　"华"改"内","夷"改"外"
江北"节,"舍华事夷"　　以下"夷"字或改"部众",或改
　　　　　　　　　　　　　　"人"字。不复录。

卷一百二十《周恭帝纪》显　　"东夷"改"高丽","夷王"
德六年下"尚辇奉御金彦　　改"其王"
英本东夷人也奉使高丽称
臣于夷王故及于罪"

卷一百三十三《马希范传》　　"驱契丹"改"诛仇敌"
注"丁思仅"节,"引军直趋
京师驱契丹"

卷一百三十七《契丹传》,　　"夷狄"改"部落"
"武皇曰逆贼未殄不可失
信于夷狄"

又"案巴坚种落贱类岂有　　"种落贱类"改"生长边地"
退避之理"

又"案巴坚乃僭称皇帝"　　"僭"改"自"

又"案巴坚深著乱华之志"　　"乱华"改"辟地"

卷一百三十八《吐蕃传》,　　"皆编发"改"尚质朴",

"黑水靺鞨其俗皆编发性   "凶"改"猛"
凶悍"

卷一百四十四《乐志》,"旋   "胡虏"改"烽火"
属胡虏为乱明法罔修"

    上列诸字大都指契丹而言,本与清室无涉。康雍以来,屡兴文字之狱。而惩羹吹齑者,遂不免多所顾忌。其"夷""胡"二字,有绝不相干者,亦一律加以删改。专制淫威,可以想见。然遗漏亦正不少,则校者之疏略也。

五代史记

宋庆元刊本

是本半页十行，行十八字。版心鱼尾上记大小字数，下记刻工姓名。卷第十八末页有"庆元五年鲁曾三异校定"一行，第二十三、第二十四、第三十四、第五十七、第五十八亦均刊此一行，但不记年号。宋讳朗、匡、贞、徵、戌、让、煦、慎、敦等字均缺笔。然既署庆元，则必刻於宁宗时也。按《中兴馆阁续录》，曾三异，临江军人。端平元年三月，以承务郎主管潭州南岳庙，充秘阁校勘。二年九月，除太社令。又《宋史·艺文志》，有曾三异《宋新旧官制通考》十卷，又《宋新旧官制通释》二卷。《直斋书录解题》，"周益公解相印，编定《六一居士集》，属旧客曾三异校正，益完善无遗恨。"云云。是三异必一学识淹贯之士，且甚服膺欧公者。故於校正《六一居士集》外，又校刊是《史》也。雍正《江西通志》，称三异为三聘弟。三聘，《宋史》有传，临江新淦人。三异乃自署曰"鲁"者，盖追纪其祖籍耳。

宋刊别本

半页十二行,行二十二字。前有建安陈师锡序。仅存《本纪》十二卷,亦余友傅沅叔所藏。有人目为北宋刊本,然以字体镌工考之,恐已入於南宋矣。庆元本缺序目,即以是本补完。其家人传目例,先后妃,次子,次叔兄弟及兄弟之子,而传文则反是。独《汉家人传》,又先佺赟而后弟信。徐注指为便于述事。其他传文与目相反者,殆亦以此。然《梁家人传》目,友孜后为友文,而传文又先友文而后友孜。此与述事无涉,疑目误也。又第四十八,尹晖有传无目;第五十五,卢损有目无传。不知庆元本原目何如也?

吴缜纂误所指此不误

宋吴缜《五代史纂误》今由《永乐大典》辑出者,尚存一百十二事。如:

> 第六《唐明宗纪赞》,"其即位时春秋已高不迩声色不乐游畋在位十年",谓:"明宗在位止七年七月,可强名八年。以为十年则误。"是本作"七年",不作"十年"。
> 第十四《唐皇后刘氏传》,"同光二年四月己卯皇帝御文明殿遣使册刘氏为皇后",谓:"按《庄宗纪》,乃是同光二年二月癸未立皇后刘氏,与此不同。未知孰是?"是本作"同光二年癸未",无"二月"二字。

第三十一《周臣传赞》，"治君之用能置贤知於近"，谓："按上、下文意，此'治君之用'，当是'治国之君'，传写之误尔。"是本作"治国之君"。

第三十六《义儿李存孝传》，"求救於幽州李斥威斥威兵至，"谓："按《王镕传》，乃是'李匡威'，作'斥'则非。"按此乃避太祖讳，末缺二笔。是本作"匡威"。

《四库总目》亦以吴氏所称"唐明宗赵凤罢"一条，又《晋出帝纪》之"射雁於繁台"，周太祖之"甲辰"均与今本不同，疑为后来校刊者追改。上文所举四条，事当相同。然吴氏纠摘者多，何订正者仅限此数字？且曾氏长於校勘，亦不应有所挂漏，是亦一疑问也。

吴兰庭纂误补所指此不误

清吴兰庭惜缜所撰《纂误》之亡失，因著《纂误补》。其所订正时本各条，洵足补缜之缺也。如：

第五《唐庄宗纪》，"'同光三年三月龙骧指挥军使姚彦温以前锋军叛降于李嗣源'，'嗣源'下当仍有'嗣源'二字。"是本重"嗣源"二字。

第九《晋出帝纪》，"'如京师使李仁廓使于契丹'，此衍'师'字。"是本无"师"字。

第十三《梁皇后张氏传》，"'天福元年后以疾卒'，按《通鉴》注云，张后殂於唐昭宗天祐元年。"是本作"天祐"，不作"天福"。

第十七《晋高祖诸子传》，"'重胤鄭（郑）王'，此'鄭'字当亦'郏'字之误。"是本作"郏"，不作"鄭"。

第三十八《宦者传》，"'汉琼西迎废帝于潞'，此'潞'字当是'路'字之误。"是本作"路"，不作"潞"。

第六十《职方考》，"'秦汉有成汉有阶汉有凤汉有'，此四'汉'字俱当作'蜀'字。"是本作"蜀"，不作"汉"。

第六十五《刘铢世家》，"铢喜曰韶桂连贺本属湖南'，'韶'字系'昭'字之误。"是本作"昭"，不作"韶"。

钱大昕考异所指此不误

钱大昕《廿二史考异》於时本亦多所订正。如：

第十一《周太祖纪》。"'请立泰宁军节度使赟为嗣'，'泰宁'当作'武宁'。"是本作"武宁"。

第十四《唐皇后刘氏传》，"'后嫁契丹突厥李赞华'，'突厥'当作'突欲'。"是本作"突欲"。

第四十六《康福传》，"'乃拜福凉州刺史河西军节度使'，不书'朔方节度'，但书'河西节度'，是舍重而举其轻也。"是本不脱"朔方"二字。

第五十二《张彦泽传》，"'败契丹於秦州'，'秦'当作'泰'。"是本作"泰"。

第五十九《司天考》二，"'天福五年十一月丁丑日有食之，开运元年三月戊子日有食之'，'日'均当作'月'。'显德三年十二月癸酉日有食之'，亦月食，非日食。"是本均作"月"，不作"日"。

第六十《职方考》，"'定梁有义成'，'义成'当作'义武'。"是本作"义武"。

第六十二《南唐李景世家》，"'始改名景，以避周庙讳。'按时本作'始改名璟'，实误。"是本作"景"，不作"璟"。

第六十八《闽王审知世家》，"'唐以福州为武威军'，当作'威武军'。"是本作"威武"。

王鸣盛商榷所指此不误

王鸣盛《十七史商榷》亦有考正时本之谬误者。是本均与相合。如：

第一《梁太祖纪》，"'天复元年天子复立'，'立'当作'位'。"是本作"位"。

第二，又"'乾化元年正月敕流罪以下因求危言极谏'，'因'当作'囚'。"是本作"囚"。

第十二《周太祖纪》，"'显德三年八月课民种禾'，'禾'当作'木'。"是本作"木"。

第十四《唐太祖家人克宁传》，"'存颢等各遣其妻入说孟氏数以迫克宁'，'孟氏'下应重'孟氏'二字。此脱。" 是本不脱。

又《太祖子传》，"'庄宗大怒以兵围其第而族之'，此庄宗弟而云'族之'，必有误。"是本作"诛"，不作"族"。

第十五《秦王从荣传》，"'从荣尚忌宋王从厚'，

'尚' 当作'常'。"是本作"常"。

第二十四《唐臣郭崇韬传》，"'唐军东保杨刘彦章图之'，'图'当作'围'。"是本作"围"。

第四十一《卢光稠传》，"'刘龚已取韶州'，'龚'当作 '龚'。"是本作"龚"。

第四十七《皇甫遇传》，"'以重威为都招讨使'，'重'上脱'杜'字。"是本不脱。

第六十三《前蜀世家论赞》，"'予读蜀书'，脱'书'字。"是本不脱。

第六十五《楚马希范世家》，"'开封承制'，'封'当作'府'。"是本作"府"。

时本讹夺多可纠正

其他时本讹夺，为吴、钱、王诸氏所未指及，亦可赖是本以资纠正者，如：

第二《梁太祖纪》，开平三年注："克丹州无主将姓名。"不脱"克"字。按若无"克"字，则似谓丹州无主将姓名，而正文之首恶王行思为不可通矣。

第十二《周世宗纪》，"显德元年，杀左羽林大将军孟汉卿。"不误"汉琼"。按《旧史·周纪》，亦作"汉卿"。殿本《考证》云："监本脱'琼'字，今增正。"盖馆臣误"汉"为"琼"也。

第二十四《郭崇韬传》，"梁兵日掠澶相取黎阳卫州"，不脱"取"字。按《梁末帝纪》，"龙德二年八月，段凝攻卫州执其刺史李存儒。"《旧史·梁末帝纪》下，"龙德二年八月，段凝张朗攻卫州下之。"盖卫州本属唐，此时为梁所夺，故当有"取"字。

第二十五《周德威传》，"以功迁衙内指挥使。"《袁建丰传》，"明宗为衙内指挥使。"又《义儿李嗣昭传》，"为衙内指挥使。"均不误"内衙"。按唐末至宋初，各镇将多以亲子弟为衙内官。宋代尚有某衙内之称，其明证也。

第二十六《张延朗传》，"以租庸吏为郓州粮料使。"不作"租庸使"。按下文"梁兴始置租庸使领天下钱谷"，是"租庸使"为掌度支最高之职，似无降为郓州粮料使之理。则当以"租庸吏"为是。

第四十二《李罕之传》，"遣子颢送于梁以乞兵"，不作"遣子颀"。按下文罕之子名颀者，早留於晋。罕之背晋归梁，晋王几欲杀颀。则是往梁乞兵者，必是颢非颀无疑。

第四十五《袁象先传》，"末帝即遣人之魏州以谋告杨师厚师厚遣裨将王舜贤至洛阳"，叠见"师厚"二字。今时本不叠见，则似末帝径自遣舜贤至洛阳矣。

第四十八《高行周传》，"契丹灭晋留萧翰守汴翰又弃去"，不脱下"翰"字。今时本无下"翰"字，则似契丹将汴弃去矣。

第五十六《史珪传》，"为宁晋乐寿县令"，"宁晋"不误"晋宁"。按宁晋与乐寿，在唐时同属河北道，地望相近。《新唐书》昆州有县四，晋宁居其一。然昆州在蛮州之列，隶戎州都督府，且《旧唐书》又作普宁，则作晋宁者非矣。

第六十五《南汉世家》篇末注，"皇朝开宝四年"，不作"宋开宝"；又《东汉刘承钧世家》，"太祖皇帝尝因界上谍者"；《继元世家》，"太祖皇帝以诏书招继元出降"；又"太祖皇帝命引汾水浸其城"；又"太宗皇帝御城北高台受降"，均不脱"皇帝"二字。此盖未经后人删改，犹足考见欧徐原文。

第六十九《南平高季兴世家》，"季兴因请夔忠等州为屬郡"，"屬"不误"蜀"。按"屬郡"谓以夔、忠等州为己所属之郡也。作"蜀"者非。

宋 史

元至正本

元《顺帝纪》，至正三年四月据《辽史》卷首圣旨，则在三月。诏修辽、金、宋三史。以中书右丞相脱脱为都总裁官。《辽史》先成，《金史》次之。至五年十月，表进《宋史》，凡《本纪》四十七卷，《志》一百六十二卷，《表》三十二卷，《列传世家》二百五十卷。又目录三卷。翌年下杭州路雕版。版式每页二十行，每行二十二字。版心鱼尾上有"纪""志""表""传"等字及字数，下刻工姓名，或记或不记。旧藏内阁大库。清末清理档案，移归北京图书馆，世人始获见之。

明成化本

明成化间，桂阳朱英督两广军务时，得漳浦陈布政家抄本，微有残缺。复于浙中续得善本，以补完之。因其书不易得，乃谋梓行，至成化十六年刊成。英自为之序。其版式每页二十行，每行二十字。视元本减其二。版心中间《纪》《志》《表》《传》，各为卷第。鱼尾上，左"宋史几"，右字数。页号下，左写生姓名，右刻工姓名。卷首有阿鲁图《进〈宋史〉表》，修史官员衔名，中书省咨浙江等处行中书省镂版公文，暨行省提调官衔名。此必从至正本出。书估每撤去朱英自序，冒称元刻。库本未出时，世人无从证其真伪，故陆存斋《仪顾堂题跋》亦误认其所藏朱刻为杭州初刊祖本。嘉靖六年，锦衣卫闲住沈麟奏准校勘史书，礼部行文南京国子监，以祭酒张邦奇、司业江汝璧任校修之役。同时差取广东原刻《宋史》付监。按《南雍志·经籍考》，《宋史》好版七千七百零四面，裂破模糊版二千零四十三面，失者一百二十七面。今明监本间有版心无小字或有小字黑质白章者，必监本补刻之版。《仪顾堂题跋》指成化本为元本翻雕，盖误以初刻为元版，以补刻为成化版也。

成化本前后序

成化本朱英序多被书估撤去，读者每未获睹。后序尤为罕见，惜已不全。今并录如下：

前序

自古详於纪事而远於垂教者,盖莫如史。唐、虞、三代之书，不可尚矣。春秋而后，代有作者。虽笔削在人，褒贬义例不能无所论议，然皆纪事。当时垂教，后世人得而录之。国学售之书肆，莫不考见古昔，以为师法，裨益於人旧矣。惟《宋史》一书虽已成於元儒之手，当时藏之书府，殆今百馀年尚在世，或有得而录之者，珍藏过於拱璧，不轻假人，而凡志学之士，愿见而不可得者，殆饥渴之於饮食也。虽幸陈子经《通鉴续编》之作人或见之，然亦杯酌之间耳。能饱人所欲而快人之心哉。昔予在闽藩，尝假僚友之谊，得录於漳浦陈布政所藏抄本于家。惜奔走东西，未遑一展。比来两广边务暇日，欲取而正之，以图梓行。适参政刘昌尝与御史江浦谋始缮刻，成十之一，属江已代去，刘亦内艰回，得佥事赵瑄来任其责，不远千里购漳浦旧本，内多残缺、讹谬，乃命教谕李元、训导廖简搜磨订正，使鲁鱼亥豕不谬其间。因拣义官彭章、邹凤以典缮写。工直之费，时得按察使严湹来任，忻然乐於赞画，相与市材，募楷书者日录。甫成，又遭回禄之厄。故所录者多为煨烬。幸漳浦本独存，若有神明护之者。时赵因公过浙，闻之，再购得名家所藏善本以寄，严得而喜，躬事督责，期於必成。令再更互参考，谬者正之，缺者补之。书垂成而工费不继。严又升湖广布政去。得左布政使彭韶、按察使闵珪，快然为经画，计以助其成。盖经始於成化辛卯十月，刻成於庚子四月。佥谓是书关系甚大，劳费不赀，几废而复兴者十年，中厄回禄，所以幸存於煨烬，获全於绣梓者，盖亦昭昭，佑善之私，有在非偶然也。宜序诸首简，庶后来有考焉。惟三代而后，言治者莫如汉、唐；继唐而善治者，尤莫如宋。宋德隆盛，治教休明。其间明良遭际，所以同心同德，辅成三百馀年之盛，超汉、唐而踵三代者，率多后世师法。其他道学渊源，振起斯文之山斗，忠节慷慨，耿光

千古之日星，尤可仰而可学者，具载此书。今诸藩
枭，皆生长文献，有志圣贤事业者。相与博采，区
画绣梓以传之，将使四方学者人得而读之，观感兴起，
景仰前修，懋隆德业，以辅翊我皇明亿万斯年之鸿业，
丕绪於无穷者，端在是矣。其与人为善，裨益将来者，
岂小也哉。书凡四百九十六卷，《本纪》四十七，《志》
一百六十二，《表》三十二，《列传》二百五十五，
视《续编》亦既详略相仍，巨细毕举，学者所宜参
考云。成化十六年庚子春三月朔旦，奉勅总督两广
军务兼理巡抚都察院右都御史桂阳朱英谨序。

后序

《宋史》锓梓既成，总督两广军务兼理巡抚都察院右都御
史桂阳朱公喜而序之矣。广东藩枭诸公微予序其后，於乎！史
所以垂世而立教也。宋有天下，继汉、唐之治，逾三百年。自
太祖、太宗以至度宗，凡十数君，而中间贤臣彬彬济济，以弼
成一代之治。而治体之纯，道学之粹，远追三代，亦何其盛矣哉。
间有弗经者，若嘉禾中之稂莠，而不能逃夫公论之贬也。史之
所载，自帝王而下，若天文、五行、律历、地理，或河渠、礼乐，
或仪卫、舆服，至於选举、职官、食货、兵刑，以暨艺文、宰辅、
宗室、世系、诸番、来宾，靡不备录详纪，得司马迁、班固之法，
於乎！盛矣哉。是书修於元，而未行於世，迨今百馀年矣。今
都宪公广询博访，得全本而图传之。会左布政使莆田彭韶、右
布政使石首袁恺、左参政大理杨纬、丰城丁璐、右参政丰城熊怀、
左参议淳安徐鉴、右参议闽清谢瑀、按察使莆田严洤、乌程闵
珪、副使连江林锦、郁林陶鲁、江都俞俊、安福李瑢、祁门程

宏、金事晋江赵瑈、道州赵弘、闽县陈廷玉、进贤杨峻、南昌罗经，同志研稽，镂梓以行。该而博，正而严，深欲示鉴戒之功，不但托纪载之详而已也。是书行之天下，国之典制，胥此焉明；人之善恶，胥此焉辨。将使为君为臣者动心奋志。览建以下缺

缺页错简弥缝之谬

钱大昕《廿二史考异》，《孝宗纪》"'淳熙七年十二月以新除成都府路提点刑狱禄东之权四川制置使应'。成化本卷三十五第七页尾，监本此下，误以第三十三卷之第十一页搀入。"按钱氏之言，尚微有误。监本行款，与成化本不同。成化本第三十五卷第八页，监本全脱。即以第九页直接第七页。文义虽不贯，犹不甚显。而其所搀入之第三十三卷之第十一页，亦为成化本一全页，乃以列入第三十五卷第九页之次。其末句为"九月己酉杨存'，与第三十五卷第十页首句"甲寅以谢廓然同知枢密院事"，文义太不联接。此页文字，前见於第三十三卷，相去仅四十七页，乃全已忘却。漫将"杨存"二字改为"地震"。以泯其迹。缺页错简，事所恒有。而其谬乃在于不加寻究，擅改原文。犹不止此。成化本第七叶末所载为七年十二月事，其误接之第九页，不及一行，即为夏四月云云。其中失去八年春季之事，何以全不觉察？一也。第九页所载，为夏四月至八月之事，其下误搀第三十三卷之第十一页，又复见秋七月。八月之后复见七月，仍不觉察。二也。万历重刊监本时，去南监补修广东刻本，为时甚近。遇有疑义，何竟不取之一校？且任意作伪以自欺欺人。武英殿本校刊之日，成化旧本，馆臣岂一无弃藏？乃亦绝不措意，任其以讹传讹。官事之不可信如此。

田况传补缺一页

《传》第五十一《田况传》，殿本"寻为陕西宣抚副使还领三班院保州云翼军杀州吏据缺城叛缺　诏况处"，此下所缺，适当成化本第二百九十二卷第二十九页一全页。殿本缺字，不注于"诏况处"三字之下，乃叠注于"杀州吏据与城叛"之下，殊不可解。其所缺一页，钱氏亦未校出。今录如下：

置之。既而除龙图阁直学士，知成德军。况督诸将攻，以敕牓招降叛卒二千余人，阮其构逆者四百二十九人。以功迁起居舍人，从秦州。丁父忧，诏起复，固辞。又遣内侍持手敕起之，不得已乞归葬阳翟。既葬，托边事求见，泣请终制。仁宗恻然，许之。师臣得终丧，自况始。服除，以枢密直学士尚书礼部郎中知渭州，迁右谏议大夫知成都府。蜀自李顺、王均再乱，人心易摇，守得便宜决事，多擅杀以为威。虽小罪，犹并妻子徙出蜀，至有流离死道路者。况至，拊循教诲，非有甚恶不使迁，蜀人尤爱之。迁给事中，召为御史中丞，既至权三司使，加龙图阁学士、翰林学士。况钩考财赋，尽知其出入，乃约《景德会计录》，以今财赋所入多于景德，而岁之所出又多于所入，因著《皇祐会计录》上之。以礼部侍郎为三司使，至和元年擢枢密副使，遂为枢密使，以疾罢，为尚书右丞、观文殿学士兼翰林侍读学士，提举景灵宫，遂以太子少傅致仕。卒赠太子太保，谥宣简。况宽厚明敏，有文武材，与人若无不可。至其所守，人亦不能移也。其论天下事甚多，至并枢密院於中书，以一政本，日轮两制馆阁官一员于便殿备访问，以锡庆院广太学兴镇戎军原渭等州

张栻传补缺一页

《传》第一百八十八《张栻传》，元本末叶为第二十五页。前页末句为"卒年四十有"。成化本行款已改，然于"有"字下犹留墨板，为待访补刻之地。至北监本，则於"有"字下增八字，足成语气，以掩其不全之迹。所缺一页，幸元本犹存。今录如下：

八、孝宗闻之，深为嗟悼。四方贤士大夫，往往出涕相吊，而江陵、静江之民尤哭之哀。嘉定间赐谥曰宣，淳祐初诏从祀孔子庙。栻为人表里洞然，勇于从义，无毫发滞吝。每进对，必自盟於心，不可以人主意悦，辄有所随顺。孝宗尝言："伏节死义之臣难得。"栻对："当于犯颜敢谏中求之。若平时不能犯颜敢谏，他日何望其伏节死义。"孝宗又言："难得办事之臣。"栻对："陛下当求晓事之臣，不当求办事之臣。若但求办事之臣，则他日败陛下事者，未必非此人也。"栻自言前后奏对，忤上旨虽多，而上每念之，未尝加怒者。所谓可以理夺云尔。其远小人尤严，为都司日肩舆出，遇曾觌，觌举手欲揖，栻急掩其窗棂。觌惭，手不得下。所至郡，暇日召诸生告语：民以事

至庭，必随事开晓，具为条教。大抵以正礼俗、明伦纪为先，斥异端，毁淫祠，而崇社稷山川。古先圣贤之祀，旧典所遗，亦以义起也。栻闻道甚早。朱熹尝言："己之学乃铢积寸累而成，如敬夫则于大本卓然先有见者也。"所著《论语孟子说》《太极图说》《洙泗言仁》《诸葛忠武侯传》《经世纪年》，皆行于世。栻之言曰："学莫先于义利之辨。义者，本心之当为，非有为而为也。有为而为，则皆人欲，非天理。"此栻讲学之要也。子焯

宗室世系表可补一页

余曾见一影元抄本，《宗室世系表》第三十二卷第十八叶，为成化本所无。其文在成化本第二十三叶前半页第六人"时奢"与第七人"公韪彦屿榕夫"之间。成化本且亡佚，其他各本更无论矣。以其无用，故不补录於此。又表中人名，半属奇字。成化本尚沿其旧。时本每加改窜，期於易识。殊失名从主人之意，窃以为非。

辽 史

元刊本疑非初刻

《辽史》与《宋史》，同于至正三年三月奉旨开修。卷首有三月十四日、二十八日圣旨各一道，次三史凡例，次四年三月进书表，次修史官员衔名。时本仅载进书表，馀均不存。按元刻《金史》，卷首江浙等处行中书省准中书省至正五年四月十三日咨文，有"去年教纂修辽、金、宋三代史书。即目辽、金史书纂修了有，如今将这史书令江浙、江西二省开板"等语。是《辽》《金》二史，必同时镌刻。然以是本与北京图书馆所藏初刻《金史》相较，字体绝异，刻工姓名亦无一相合。而与涵芬楼所藏《金史》较，则字体相类，刻工姓名同者亦多。是此决非初刻。然遍观海内外所存《辽史》，只有此本。是否别有初刻，殊难断言。

元刻多讹字

是本刊版粗率，讹字亦多。如"廷"之误"延"，"宫"

之误"官","徙"之误"徒","隶"之误"颣","绐"之误"给","漠"之误"漢","遣"之误"遗","萧"之误"箫"及"肃",屡见不一见。其他讹舛，亦指不胜屈。然究是最古之本，足以校正后出诸本者，犹自不少。

损缺之字不当臆改

余所见是史，印本漫漶者多。凡不易辨识之字，覆刻之时，理宜从缺。明清诸本，往往以己意补易之，窃以为未当也。如：

《纪》第十八，《兴宗纪》：重熙二年，"宋遣曹琮来告母后刘氏哀章得象安继昌来馈母后遗物即遣兴圣宫使耶律寿宁给事中知制诰李奎充祭奠使"，此"即遣兴圣"四字，印本多不可辨。诸本改作"辽遣延昌"。按"延昌"为穆宗宫称，"兴圣"为圣宗宫称。任举一名，已属非是。"即遣"云云，语气紧承上文，易为"辽"字，于《辽史》自称，语气亦属不合。

又"以耶律寔高升耶律迪王惟允充两宫贺宋生辰使副。"此"寔"字印本多模黏，有仅存匡廓者。诸本揣其形似，易为"楚"字，亦失之矣。

《纪》第八，保宁三年，"又以潜邸给使者为趓马部置官堂之。"此"堂"字不可通，必为"掌"字之讹。而诸本则改为"主"字。

《志》第三十一《刑法志》，"辽二百馀年骨肉屡相残灭"一语，"屡"字仅存"尸"头。然细辨实为"屡"字。诸本改作"自"字，亦涉武断。

句中疑字不当轻补

史有缺文，圣人所许。是本句中著"疑"字者甚多，殆镌版之时，原书本文俱已损佚，究为何字，不敢臆断。故著一"疑"字以代之。此在宋刊南北诸史，多有其例。但彼则旁注小字，此则列入正文。如：

《纪》第十九《兴宗纪》，重熙十三年，"诏富者遣行馀留屯疑天德军。"诸本乃改"疑"作"田"。

又第二十，重熙十九年，"夏人侵边故鲁疑遣六院军将海里击败之。"诸本乃改"疑"作"古"。

又第二十一，重熙二十四年，"百僚上表固疑许之。"诸本乃改"疑"作"请"。

又第二十四，《道宗纪》，大安元年，"以枢密直学士杜公疑参知政事。"诸本乃改"疑"作"谓"。

《志》第二，《营卫志·行营》，"长城以南多疑多暑"，诸本乃改"疑"作"雨"。

又隋契丹十部，"元魏疑莫勿贺勿于畏高丽蠕蠕侵逼率车三千乘众万口内附。"诸本乃改"疑"作"末"。

《志》第四，《兵卫志》，"天赞四年疑亲征渤海。"诸本乃改"疑"作"又"。

以上七"疑"字，原有可以揣测而得者，不必疑而疑之，正见其郑重不苟。后人覆刻，任意改窜，不知妄作，殊失缺疑之意矣。

钩 鱼

《纪》第一，太祖九年十月，"钩鱼于鸭渌江"；第四，太宗会同二年十二月，"钩鱼于土河"；第八，景宗保宁七年十月，"钩鱼土河"；第十二，圣宗统和七年十二月，"钩鱼于沈子泺"；第十三，统和十五年十二月，"钩鱼土河"；第十四，统和二十七年正月，"钩鱼土河"；第十五，开泰二年七月，"钩鱼曲沟"；第十六，太平二年正月，"如纳水钩鱼"；又三年正月，"如纳水钩鱼"；第二十，兴宗重熙二十四年八月，"焚钩鱼之具"；第二十一，道宗清宁四年正月，"如鸭子河钩鱼"；第二十二，咸雍三年正月，"如鸭子河御安流殿钩鱼"；第二十七，天祚帝乾统七年正月，"钩鱼于鸭子河"；又天庆元年正月，"钩鱼于鸭子河"；又二年二月，"幸混同江钩鱼"；《表》第六十八《游幸表》，景宗保宁九年十月，"钩鱼于赤山泺"；又圣宗统和元年十一月，"钩鱼于近州"；又七年十二月，"钩鱼于曲水泺"；又二十一年十一月，"钩鱼于周河"；又开泰二年十月，"钩鱼于长泺"；《传》第一百二，《萧奉先传》，"上幸混同江钩鱼"；第一百十六，《国语解》，"上岁时钩鱼，得头鱼，辄置酒张宴。""钩鱼"二字，凡二十二见。殿本全作"钓"。检南监本亦同。北监本独见《国语解》一条作"钩"，馀亦均作"钓"。按本史《营卫志》，"秋冬违寒，春夏避暑，随水草就畋渔，岁以为常。"又云："春捺钵曰鸭子河泺。皇帝正月上旬，起牙帐，约六十日方至。天鹅未至，卓帐冰上，凿冰取鱼。"按鸭子河即混同江，于圣宗太平元年改名。捺钵为畋渔所在之地。长江大河，形势宏阔，亦非投竿垂纶之区。颇疑"钓"字不协。及检《辽史拾遗》，引程大昌《演繁露》，纠正其误，语焉甚详。其言曰："《燕北杂录》载契丹兴宗重熙年间衣制、仪卫、打围、射鹿、钩鱼等事，於景祐五年十月撰进。"又曰："达鲁河钩牛鱼，虏中盛礼。意慕中国赏花钓鱼。然非钓也，钩也。"又曰："其钩是鱼也，虏主与其母皆设次冰上，先使人於河上下十里间，以毛网截鱼，令不得散逸。又从而驱之，使集虏帐。其床前预开冰窍四，名为冰眼。中眼透，旁三眼环之不透，第斫减令薄而已。薄者所以候鱼，而透者将以施钩也。"又曰："鱼之将至，伺者以告虏主。即遂于斫透眼中，用绳钩掷之，无不中者。"据此，可以证元本之正，及监本、殿本之非。然则书顾不贵初刻乎。

汋　者

《志》第三十一《刑法志》，"皇妹秦国公主生日，帝幸其第。伶人张隋，本宋所遣汋者。大臣觉之以闻，召诘款伏。"按《周礼》，"秋官掌士之八成一曰邦汋。"郑氏注："斟汋盗取国家密事。"若今时刺探尚书事，张隋为宋遣至辽之间谍。"汋者"取义，盖本于此。明人覆刻，不加深究，竟认为残缺之"的"字。妄补数笔，而文义遂不可通。殿本亦沿其误。

金 史

元刊有三本

余所见元刊《金史》凡三本：一，至正五年原刊，卷首有进书表，修史官员、提调官衔名。书法圆润，镌法精整。今在北平图书馆。然不全。其二，亦元刻本。卷首有江浙等处行中书省所受中书省咨文，暨行省各官衔名。字较瘦弱，然摹刻胜于《辽史》。余定为初覆本。其三，字体板滞，版心上下有阔黑口。余定为再覆本。均半页十行，行二十二字。原刊、初覆，版心上分记"纪""志""表""传"及字数，下记刻工姓名。惟再覆本无之。

各本残缺可补

南北监本暨殿本初版，《志》第十四《礼志·原庙》，《传》第十四《太宗子宗磐传》，各缺一页。又《纪》第十四宣宗贞祐三年，《志》第三十七《百官志》八"作左右院"，《表》第四《交聘表》章宗泰和五年，《传》第四《埸保传》，又第一百二十五《蔡松年传》，各有残缺。施国祁《金史详校》谓："元本具存，得以考补。"是本正同。惟《传》一百一《抹捻尽忠传》，"诏尽忠为左副元帅兼西京留守。"各本原缺"西京"二字；又"重缫百段"，亦原缺"百"字。施氏未经指出。或偶尔遗漏，未可知也。

施氏详校所据为后印本

施氏《金史详校》，竭廿馀年之力，读十馀过，始观厥成。宏博精审，洵称杰作。惟其所据借自蒋槐堂之元本，与余所见元本又有异同。

      施氏自言："其间各本皆讹者，则曰某字当作某。"各本《纪》二《太祖纪》，"遣宗斡止之。"施云："'斡'当作'幹'。"是本原作"幹"，并不作"斡"。《纪》五《海陵纪》贞元二年，"持环校"，施云："当作'持杯珓'。"是本原作"杯"，不作"环"，惟"校"字仍误。

      各本互讹者，以南本为主，则曰："某字元作某，是；北作某，是。"或云："某字元作某，非；北作某，非。"各本《纪》第十六《宣宗纪》元光元年，"西面节度使"，施云："'西面'未详，元作'西西'，亦讹。"是本乃作"平西"，不作"西西"。《志》第十二《礼志·杂仪》，"后恐大丰"。施云："元作'复恐大丰'，是。"是本乃作"复恐太丰"，不作"大丰"。

      各本俱脱者，则曰："当加某字。"各本《志》第三十七《百官志·侍仪司》注"率捧案辇"，施云：

"此下当加'执'。"是本原有"执"字。

各本俱衍者，则曰："某字当削。"各本《传》第八《宗亨传》，"札八诈称降。"施云："'称'字当削。"是本原无"称"字。《传》第二十二《耨盌温敦思忠传》，"与习泥烈僧行。"施云："'僧'字当削。"是本原无"僧"字。

上文所举是本诸字，皆见于原刊或初覆本者。与施氏所据之本皆不同。此不过略举其例，其他类是者不一而足。然则施氏所见者，犹非最胜之本欤。

大小字互易之商榷

施氏指摘写刊错误者七科。其中有二，曰"小字误大"，凡八见；曰"大字误小"，凡三见。均各言之成理。然亦有可商榷者。

《志》第五《地理志》，"庆州北至"二十八字，又"泰州北至"二十二字，施云："当降作小注。"按本史《地理志》，府州境载四至者，只此二州。他境无例可援。惟净州、桓州，均有"北至某某如干里"之语，亦作正文。即不降作小注，于体例亦无不合。

《志》第三十七《百官志》，都巡河官注"大定二年设滹沱河巡河官二员"。施云："十三小字当升作大字，改入《上诸都巡河官文》上。"按本节专言职掌之事，若以设置之事插入正文，似于上下文义反欠联贯。

考异所指有误

不独施氏，即钱大昕所见者，亦微有误。此可证诸《廿二史考异》。

《纪》第十《章宗纪》，承安二年八月，"左宣徽使膏尚书右丞。"钱云："'膏'字不见于字书，必是传写之讹。"是本乃作"宵"。

《传》第十二《宗翰传》，"蒲家奴宗翰鲁宗翰宗磐副之。"钱云："'宗翰'字重复。上'翰'字当为'幹'之讹，'鲁'字疑衍。"是本乃作"蒲家奴宗翰宗幹宗盘副之"。

《传》第六十七《张仲轲传》，"宋余康弼贺登宝位。"钱云："'康'当作'唐'。"是本原作"唐"。

又贞元二年正月，"宋贺正旦使施臣朝辞。"钱云："'臣'当作'钜'。"是本却不作"钜"，亦不作"臣"，但作"巨"。

乌带传剜改遗迹

书经翻刻，必多错误。《传》第七十《乌带传》，诸本皆以"言本名"三字缀于上《唐括辩传》尾，而以"乌带"二字提行。钱大昕《廿二史考异》讥为可笑之甚。然若不见元刊初印本，实不知其致误之由。元本每行二十二字。《乌带传》第一行乃二十六字，第二行乃二十五字，均显有剜改痕迹。是必刊刻之时，误以此传与上《唐括辩传》连缀为一。嗣觉其误，乃剜改提行。而剟改之时，又误将"言本名"三字留于上行，其下适空七字，与本传第一、二行所增字数相合。覆本已无剟改之迹，然行字独增，亦尚可追其致误之由。若南、北监本及殿本，则行字均已改成一律，遂泯然无缝矣。

元　史

前后开修两次

目录后宋濂记，洪武元年十二月，诏修《元史》。明年，春二月丙寅开局，至秋八月癸酉，成《纪》三十有七卷，《志》五十有三卷，《表》六卷，《传》六十有三卷。顺帝无实录，遣使行天下，涉于史者，令郡县上之。又明年，春二月乙丑开局，至秋七月丁亥，又成《纪》十，《志》五，《表》二，《传》三十有六。钱大昕谓："综前后廑三百三十一日。古今史成之速，未有如《元史》者。而文之陋劣，亦无有如《元史》者。"非虚言也。

宋濂续修后记

《元史》分两次修成。殿本削去宋濂后记，又臆改李善长进书表，将前后所修《纪》《志》《表》《传》卷数并而为一，殊失真相。今补录宋濂后记如下：

洪武元年秋八月，上既平定朔方，九州攸同，而金匮之书悉入于秘府。冬十有二月，乃诏儒臣，发其所藏，纂修《元史》以成一代之典，而臣濂、臣祎实为之总裁。明年春二月丙寅开局，至秋八月癸酉书成。《纪》凡三十有七卷,《志》五十有三卷,《表》六卷，《传》六十有三卷。丞相宣国公臣善长率同列表。上已经御览。至若顺帝之时，史官职废，皆无实录可徵，因未得为完书。上复诏仪曹遣使行天下，其涉于史事，令郡县上之。又明年春二月乙丑开局，至秋七月丁亥书成。又复上进。以卷计者，《纪》十，《志》五,《表》二,《传》三十又六。凡前书有所未备，颇补完之。其时与编摩者则臣赵埙、臣朱右、臣贝琼、臣朱世濂、臣王廉、臣王彝、臣张孟兼、臣高逊志、臣李懋、臣李汶、臣张宣、臣张简、臣杜寅、臣俞寅、臣殷弼，而总其事者仍臣濂与臣祎焉。合前后二书，复厘分而附丽之，共成二百一十卷。旧所纂录之士，其名见于表中者，或仕或隐，皆散之四方，独埙能始终其事云。昔唐太宗以开基之主，干戈甫定，即留神于《晋书》，敕房玄龄等撰次成编。人至今传之。钦惟皇上龙飞江左，取天下于群雄之手。大统既正，亦诏修前代之史，以为世鉴。古今帝王能成大业者，其英见卓识若合符节盖如是，於戏盛哉。第臣濂等以荒唐缪悠之学，义例不明，文辞过陋，无以称塞诏旨之万一。凤夜揣分，无任战兢。今镂板讫功，谨系岁月次第于目录之左，庶几博雅君子相与刊定焉。洪武三年十月十三日，史臣金华宋濂谨记。

进书表之误改

今再摘录李善长进书表中数语如下：

元 本	殿 本
所撰元史本纪三十七卷志五十三卷表六卷传六十三卷目录二卷通计一百六十一卷凡一百三十万六千馀字谨缮写装潢成一百二十册	所撰元史本纪四十七卷志五十三卷表六卷传九十七卷目录二卷通计二百十卷凡一百三十万六千馀字谨缮写装潢成一百二十册

按所改卷数，与元本刊成卷数，并子卷计之，实际相合。宋濂记中有"合前后二书复厘分而附丽之共成二百十卷"之语，可复按也。李表"若自元统以后则其载籍靡存已遣使而旁求俟续编而上送"云云，原与宋记相呼应。今以改本核之，则似元统以后，悉已搜罗，全史告成，无须续辑。前后语气，岂非自相矛盾？又李表字数为一百三十万六千馀，今增入续修之书五十三卷，而字数一如其旧。抑何可哂！

殿本衍文

洪武本《纪》第三十六《文宗纪》第九页末，"后至元六年六月以帝谋为不轨使明宗饮恨而崩诏除其庙主放燕"，此下复出《纪》四十《顺帝纪》第六、七页"后至元六年放逐燕帖古思诏书中语遄之后祖母太皇太后至搂之大义削去"云云，凡四百字。适足一页。前后并不衔接。今已撤去。北监本改易行款，仍误刊入第九、第十页之间。殿本沿之，读者更无从索解矣。

殿本错简

洪武本《志》第五《授时历议》下，第十五、十六页前后互倒，南、北监本其误相同。殿本改易行款，又仍叶号之讹，于是颠倒错乱，令人目眩。其文纪三国以来日食，至宋庆元元年，尚未完毕。忽杂入前代月食之文。南朝刘宋元嘉十一年后，继以赵宋嘉泰二年。元至元十四年后，继以梁中大通元年。庆元元年下，叠见"授时历"一行。刘宋元嘉"十三年十二月己巳望食，一更三唱，食既"下，因有所缺，特加"授时历"三字以弥之。次行又接"大明历，亏初午初二刻"云云。并日月食为一事。如此乖谬，校刊者竟未之觉。何也？

殿本缺文

《志》第二十六《祭祀志·宗庙摄祀仪》四曰迎香"献官司徒大礼使助奠官"下，殿本脱"从于舆后至庙入自南门至神门外百官仪卫皆止太常卿博士御史导舆三献司徒大礼使助奠爵官"四十字。《志》第四十七《兵志·镇戍》，泰定四年十二月，河南行省议设万户府，"摘军五千名"下，脱"设万户府随省镇遏枢密院议自至元十九年"十八字。《传》第二十七《达识帖睦迩传》，张士信逼取江浙行省左丞相符印，"徙达识帖睦迩"下，脱"居嘉兴事闻朝廷即就以士信为江浙行省左丞相达识帖睦迩"二十五字。然此非自殿本始，明监本即已如是。

殿本改译剜刻原书

清乾隆四年，武英殿版既已刊行，至四十六年，高宗以原书译名舛误，复命馆臣详加厘定，取原用之人名、地名、官名、物名，一一改正。此于书后附一对表，自可了然。乃不此之图，而就原书剜刻。有时所改之名，不能适如原用字数，于是取上下文而损益之。灭裂支离，全失本相。余尝得一部，坊肆以原改两本配合者，新旧杂糅，几于不可卒读。乾隆之世，号称太平，物力丰盛，何以不重刊新版，而为此苟且塞责之图？殊不可解。

改译口语为文言

《纪》第二十九《泰定帝纪》，其即位诏，洪武本为直译口语。乾隆四年刊本，仅"军上的诸王"句，易"上"作"士"，其馀文字悉同。至后来修改之本，则全译为文言。虽见雅驯，然失却本来面目。史以传信，非所宜也。

洪武本原文	乾隆修改本译文
癸巳即皇帝位于龙居河大赦天下诏曰薛禅皇帝可怜见嫡孙裕宗皇帝长子我仁慈甘麻剌爷爷根底封授晋王统领成吉思皇帝四个大斡耳朵及军马达达国土都付来依著薛禅皇帝圣旨小心谨慎但凡军马人民的不拣甚么勾当里遵守	九月癸巳即皇帝位于龙居河大赦天下诏曰朕考晋献武王色辰皇帝之嫡孙裕宗皇帝之长子也圣慈眷爱封授晋王统领青吉斯皇帝四大鄂尔多及军马达勒达国土就国以后恪遵色辰皇帝圣旨小心谨慎凡军马人民一切事宜咸由正道

正道行来的上头数年之间百姓得安业在后完泽笃皇帝教我继承位次大斡耳朵里委付了来已委付了的大营盘看守著扶立了两个哥哥曲律皇帝普颜笃皇帝任硕德八剌皇帝我累朝皇帝根底不谋异心不图位次依本分与国家出气力行来诸王哥哥兄弟每众百姓每也都理会的也者今我的任皇帝生天了也么道迤南诸王大臣军上的诸王驸马臣僚达达百姓每众人商量著大位次不宜久虚惟我是薛禅皇帝嫡派裕宗皇帝长孙大位次里合坐地的体例有其馀争立的哥哥兄弟也无有这般晏驾其间比及整治以来人心难测宜安抚百姓使天下人心得宁早就这里即位提说上头从著众人的心九月初四日于成吉思皇帝的大斡耳朵里大位次里坐了也交众百姓每心安的上头赦书行有

而行故数年之间群臣各敬其事百姓得安其业嗣后谔勒哲图皇帝命朕继承藩服仍统领四大鄂尔多及北边军马翼戴朕兄库鲁克皇帝布延图皇帝朕任硕迪巴拉皇帝历事累朝无贰尔心以继朕皇考固让之志恪恭厥职屏卫王家朕之行事诸王宗室臣民皆所素知今大行皇帝上宾迤南诸王大臣军士及诸王驸马臣僚达勒达百姓等咸谓天位不宜久虚乾纲固有专主近属之中惟朕为色辰皇帝嫡曾孙裕宗皇帝嫡冢孙以长以亲于义皆无可让况大行晏驾事变非常及今加意抚绥犹恐皇皇未定宜早正宸极镇安百姓使天下人心得宁朕以臣民劝戴之故俯顺舆情九月初四日即位于青吉斯皇帝之大鄂尔多布告中外咸与维新可大赦天下

又洪武本无"九月"二字，以《英宗纪》三年秋七月辛

卯朔及本卷同年十一月己丑朔推之，泰定帝即位之日为九月初
四日，为癸巳。此癸巳实属于九月无疑。原文盖误脱也。

重出之传殿本未删尽

　　《元史·列传》复出，为前人所纠者，凡十有八。或
为本人，或为其附见之父若祖、子若孙。乾隆剜改之版，去
其一而留其一者凡五：去雪不台原见《传》第九，留速不台见
《传》第八，改曰苏布特。去忽剌出原附见《传》第二十《直脱儿传》，
留直脱儿见《传》第十，改曰齐都尔。去重喜原附见《传》第二十
《塔不已儿传》，留塔不已儿见《传》第十，改曰塔本哲尔。去完
者拔都原见《传》第二十，留完者都见《传》第十八，改曰谔勒哲
图。去阿答赤原附见《传》第二十二《杭忽思传》，留杭忽思，见《传》
第十九，改曰哈噶斯。而任其重出者凡八：曰阿术鲁见《传》第
十，改曰额斯伦，又附见于其孙怀都改曰《辉图传》中见《传》
第十八。曰也蒲甘卜见《传》第十，改曰额卜甘布，又附见于其
子昂吉儿改曰《昂吉尔传》中见《传》第十九。曰石抹也先见《传》
第三十七，改曰舒穆噜额森，又复见石抹阿辛见《传》第三十九，
改曰舒穆噜爱新。曰谭资荣见《传》第五十四，又附见于其子《谭
澄传》中见《传》第七十八。昔人著书，后人取而删订之，原无
不可。乃同一重见之文，而或弃或取，漫无抉择，恐仍是随
手掇拾而已。

明　史

乾隆殿版有修改本

《明史》修成，在清雍正末年高宗继位之后。武英殿刊版，至乾隆四年竣工。至四十年，高宗以元时人地名对音讹舛，译字鄙俚，谕令改订。并就原版扣算字数刊正。越二年，馆臣签改进呈。高宗又以《本纪》所载事实，每涉疏略，特派英廉、程景伊、梁国治、和珅、刘墉等考核添修，并有"亲阅鉴定重刊颁行"之语。未几又续派于敏中、钱汝诚为总裁，其后杳无所闻。近岁故宫博物院检获修正刊本，仅《本纪》二十四卷，影印行世。余取校初版，其蒙古人地名、汗号、官职，均已改译。增补字句，每卷溢出数行乃至数十行，多有仅涉文辞于史事全无出入者。此不过受命诸臣，奉有考核添修之谕，勉为敷饰，聊自塞责耳。馆臣签改进呈，必为全书添修之后。《本纪》既已重刊，何以未见颁行？《志》《表》《列传》当经剜改，何以亦未摹印？余颇疑《本纪》改刊，其他亦待覆刻，嗣以高宗倦勤，境过情迁，不加督责，事遂中废。仁和邵懿辰《四库简明目录标注》，《明史》下注，"在方略馆见乾隆末年改定之本，惜已不全。仅《列传》百数十卷。中多签改。缮译人名、地名，亦间引他书签改本文，似乎未曾改刊。"云云。是《志》《表》《列传》固未重刊，而亦未尝剟改也。

王氏补辑考证

殿本诸史均有《考证》。《明史》系出钦定，臣下不敢有所评骘，故独缺如。逮高宗一再指摘，受命考核诸臣，乃敢为之。长洲王荺卿丈，光绪中入值军机处，于方略馆获见卷一百十六至卷三百三十二凡二百十六卷《列传》人地名改译及修改字句处用黄签黏书进呈之本。继又得藁本四十馀卷，卷面题"总裁英阅总裁于阅总裁钱阅及纂修官黄辑宋辑协修官严辑章辑罗辑"等字。案语与进呈本略同。最后又搜得正本三巨册，自卷一百十八至卷三百二十八。缺卷二百五十二至二百五十六。凡二百六卷。每卷题"明史卷几考证"，并详考总裁、纂修、协修、诸臣科第、历官年月，定为此书告成，在乾隆五十年以前。因取所得诸本，参观互证。汰其文义复沓及空衍无关宏旨者，辑成四十二卷，题曰《明史考证捃逸》。哲嗣君九克承先志，复就文津阁《四库》写本校对，证为完书。且增辑三十馀条，以补其尊人所据原书之缺。先后由嘉业堂刘氏刊行。